山东省文化和旅游厅组织编写

山东省级非物质文化遗产普及读本

传统音乐卷（下）

山东城市出版传媒集团·济南出版社

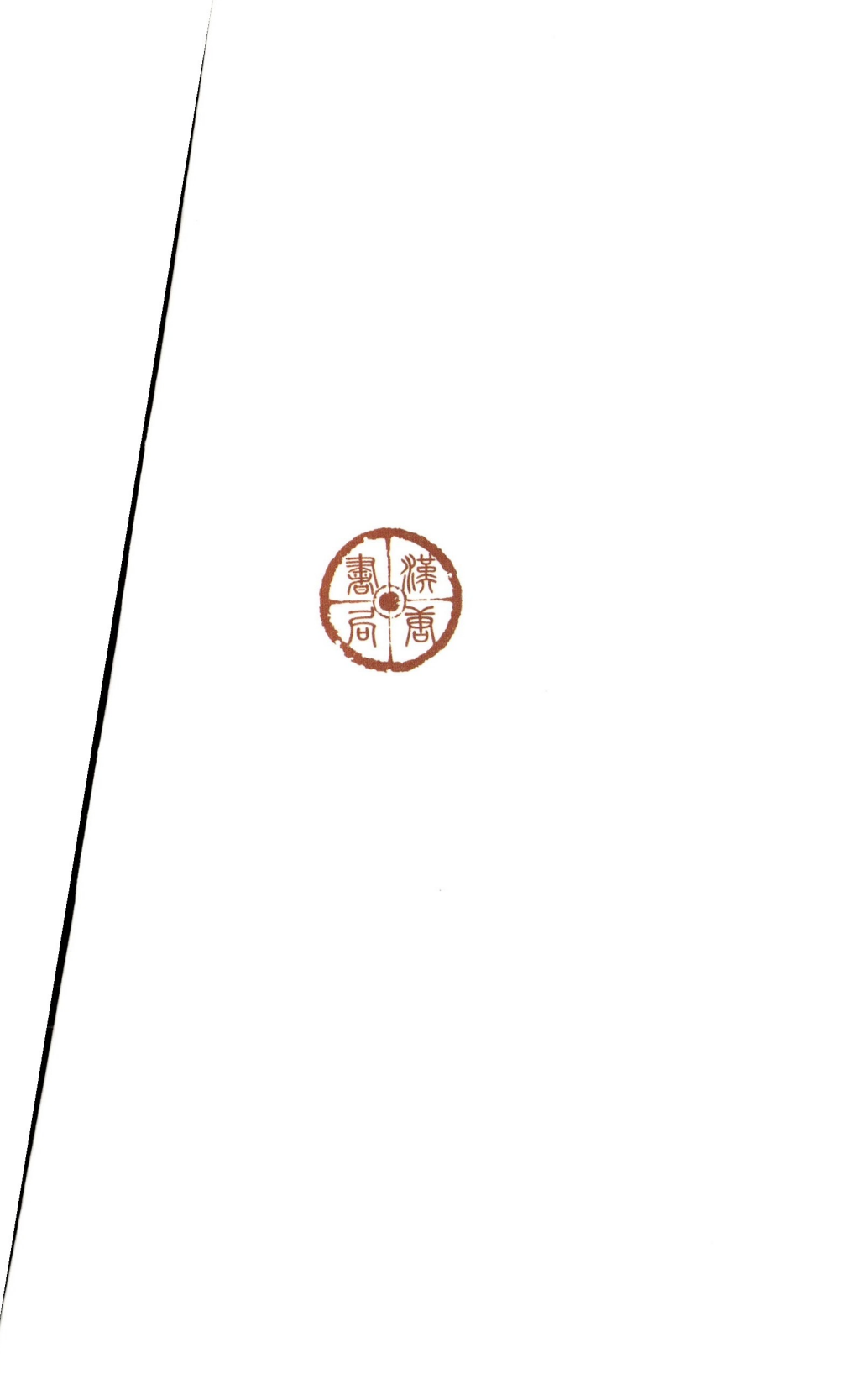

图书在版编目（CIP）数据

山东省级非物质文化遗产普及读本.传统音乐卷.下/
山东省文化和旅游厅编. -- 济南：济南出版社，2019.1
ISBN 978-7-5488-3510-3

Ⅰ.①山… Ⅱ.①山… Ⅲ.①非物质文化遗产 - 山东
- 普及读物②传统音乐 - 介绍 - 山东 Ⅳ.
①G127.52-49②J605.2

中国版本图书馆CIP数据核字(2018)第295864号

出 版 人	崔 刚
责任编辑	冀瑞雪　殷 剑
图书审读	于丽霞
封面设计	李海峰

出版发行	济南出版社
地　　址	山东省济南市二环南路1号（250002）
编辑热线	0531-86131747（编辑室）
发行热线	86131747 82709072 86131729 86131728（发行部）
印　　刷	济南乾丰印刷有限公司
版　　次	2019年1月第1版
印　　次	2019年1月第1次印刷
成品尺寸	170mm×240mm 16开
印　　张	8
字　　数	115千
印　　数	1—6000册
定　　价	46.00元

（济南版图书，如有印装错误，请与出版社联系调换。
　联系电话：0531-86131736）

编委会主任：王　磊

编委会副主任：李国琳

编　　　委：王　尚　

主　　　编：李国琳

副 主 编：王　尚　蒋士

参 编 人 员：卞　辉　楚国

　　　　　　任淑芸　孙　悦

　　　　　　相家云　张　晗

序 言

习近平总书记指出:"文化是一个国家、一个民族的灵魂。文化兴国运兴,文化强民族强。中华优秀传统文化是我们最深厚的文化软实力,也是中国特色社会主义植根的文化沃土。要积极推动中华优秀传统文化创造性转化、创新性发展。"在悠悠五千年的历史长河中,中华文明绵延不绝,历久弥新,孕育了丰富的精神文化财富。非物质文化遗产是中华优秀传统文化的重要组成部分,代表中华民族鲜活的文化基因,是民族历史的传承和民族精神的凝缩,是自古以来劳动人民智慧的生动展现。传承和弘扬中华民族优秀传统文化,挖掘和保护中华民族非物质文化遗产,研究和利用齐鲁大地的优秀文化遗产,是时代的要求,是历史的必然,是人民的期盼。

山东是孔孟之乡,礼仪之邦,拥有悠久的历史和灿烂的文明。在这片广袤的齐鲁大地上,生长着韵味十足、特色鲜明的非物质文化遗产。神秘动人的民间文学、地域鲜明的民俗传统、风格迥异的传统音乐、独具神韵的传统舞蹈、意味无穷的传统美术、丰韵绵长的戏剧曲艺、通灵入化的体艺杂技、创意灵动的手工技艺,都饱含着齐鲁儿女的创造力,深藏着齐鲁大地的智慧,是齐鲁文化的重要代表之一。灿烂的非物质文化遗产充分展现了齐鲁儿女独具品味的审美个性和别具一格的思维方式,是山东文化发展的见证。

山东是非遗大省,非物质文化遗产资源极其丰富,非遗保护工作一直走在全国前列。目前,我省共有联合国教科文组织认定的"人类非遗代表作名录"项目8个,国家级名录173项,省级名录751项,现有国家级传承人94名,省级传承人447名,3家企业被文化和旅游部命名为"国家级非遗生产性保护示范基地",共有68个省级非遗生产性保护示范基地,有1个国家级、10个省级文化生态保护实验区。为弘扬中华优秀传统文化,充分展现我省非物质文化遗产的博大精深和独特魅力，山东省文化和旅游厅组织编纂了《山东省级非物质文化遗产普及读本》系列丛书，本套书分辑出版。第一辑共5册，包括民间文学类3册，包含80个省级民间文学项目；民俗类2册，包含50个省级民俗项目。第二辑共8册，240个省级非遗项目，包括传统音乐类上下册，有55个省级传统音乐项目；传统舞蹈类上下册，有70个省级传统舞蹈项目；传统戏剧类上下册，有66个省级传统戏剧项目；曲艺类上下册，有49个省级曲艺项目。以后还会陆续编纂其他系列的丛书。本套丛书内容主要是以各市、各单位申报省级非物质文化遗产代表性项目的素材资料为依据。

本套丛书通过故事叙述与文化阐释相结合，以图补文与多方视角来讲述，涵盖历史渊源、基本内容、表现形态、传承发展、社会价值等方面。相信通过此套丛书的出版，必将使广大读者更加生动、全面、系统地了解山东省非物质文化遗产的传承历史、表现形态、文化内涵及保护现状，必将进一步增强广大群众的文化自信和文化自豪感。下一步，我们将以习近平新时代中国特色社会主义思想为引领，深入贯彻党的十九大精神，不断弘扬中华优秀传统文化，不断推动文化建设向纵深发展，为满足人民群众对美好生活的向往，丰富广大人民群众的文化生活，保障广大人民群众的文化权益，为深入推进经济文化强省建设，实现中华民族伟大复兴的中国梦而贡献更大的力量。

山东省文化和旅游厅党组书记、厅长　王　磊

目录 CONTENTS

山东省级非物质文化遗产普及读本　传统音乐卷·下

博山锣鼓	001
齐韶	006
薛城唢呐	011
挫琴	015
箫韶乐舞	020
东平硪号子	025
石岛渔家大鼓	029
张氏吹打乐	033
阳谷寿张黄河夯号	038
黄河号子（滨州）	042
牛屯鼓乐	047
古琴艺术（山东省艺术研究所）	052
古琴艺术（济南）	058
长勺鼓乐	062
古琴艺术（德州）	068
金氏古筝	072
峄县唢呐	076

小铜唢呐 …………………………………………………… 081

软弓京胡 …………………………………………………… 085

大　调 ……………………………………………………… 090

沂蒙花鼓调系列民歌 ……………………………………… 094

姐　儿　妞 ………………………………………………… 098

鲁东南鼓吹乐《小桃红》 ………………………………… 103

黄河号子（菏泽） ………………………………………… 107

鲁西南鼓吹乐 ……………………………………………… 111

山东古筝乐 ………………………………………………… 116

博山锣鼓

2009年，淄博市博山区的"博山锣鼓"被山东省人民政府列入第二批省级非物质文化遗产名录。

博山，古称颜神镇，清雍正年间始建博山县，后因煤、陶、琉璃业兴盛，又地扼齐鲁要冲鲁中地区，所以被称为"鲁中重镇"。博山区位于淄博市西南，历史悠久，文化底蕴深厚，不仅拥有齐长城等众多人文古迹，还有"孟姜女哭长城传说"等非物质文化遗产。远近闻名的博山锣鼓，就是在这块丰厚的文化土壤上产生、传承和发展起来的。博山锣鼓源于我国江淮地区的乡间锣鼓，明清时盛行于苏州、杭州和苏北广大农村，距今已有300多年的历史。

明嘉靖年间，李家窑人李琅之到苏州经商。当时适逢春节，他观赏了当地丰富多彩的民间艺术活动，被精彩的锣鼓表演吸引，于是就向当地民间艺人学习并掌握了锣鼓的表演技术，将其带回。李氏族人及邻居自愿出资购买了鼓、锣、钹等器具，组织练习和表演，并进行了修改和创新。从此，每逢元宵佳节，李家窑村就组织村民玩起锣鼓。

清朝初年，李家窑村的袁、孟二家借常年于苏、杭经商之便，专心学习那里的民间锣鼓，并将其带回本地，与先前李氏族人引进的苏州锣鼓相融合，逐步演化成现在的表演形式。因这一民间锣鼓最先在李家窑村"落户"，所以，后人称它为"李家窑锣鼓"。

李家窑锣鼓创立初期，借鉴了外地锣鼓的乐器、编配、鼓谱和演奏技法，经过传承创新，很快使本地锣鼓别具一格，形成了不同于苏州锣鼓的独特锣鼓艺术和一组套曲曲目。该组套曲主要由七个锣鼓段（俗称"鼓牌子"）组成，即《蓬莱阁》《闹花船》《鱼得水》（又名《扬州歌》）《老义昌通》《新义昌通》《玉芙蓉》《娃娃通》（又名《连五鼓》）。当李家窑锣鼓伴随着本村的传统舞蹈"五只船"敲响之后，很快传遍了本地各乡村。

时至清朝中叶，博山城成为工商重镇，商贸的发展带来了文化的繁荣。此时，李家窑锣鼓的发展进入了高峰期，众多新的锣鼓点应运而生。如《九龙翻身》《闹龙珠》《杏花天》《峨眉雪》《扑蝴蝶》《凤仁阁》《十番通》《擂通》《连水漫》《许仙游湖》《喜鹊串梅》《凤串牡丹》《水漫金山寺》《八锣》等。同时，它的流布范围也扩大到淄川、周村、临淄、张店、章丘、青州等毗邻县市区，后又扩大到东营、莱芜等地，并被广泛应用于闹元宵、庆丰收、集会、祈雨、祭奠和婚丧嫁娶之中，后又应用于重大节庆和开业庆典等场合。从此，李家窑锣鼓更名为博山锣鼓。

博山锣鼓的乐队编制可根据场面大小和实际需要灵活调整，每种乐器（除

图一　博山锣鼓表演

大鼓外）可成倍增长。比较常见的是36人的乐队，乐器包括大鼓1面、中钹4对、大钹4对、锣12面、铞锣6个、小镲4对、碰铃4对、手锣1个。队形以扇形排列最为常见：大鼓在队形的后中心；手锣是锣鼓队的领队，在队伍最前端打击鼓谱，起指挥的作用；后面是中钹、大钹、锣，均分两边，成45度扇形，小镲及铞锣在鼓的后方成横队排列。也可以以鼓为中心，成圆形排列；队伍在行进中，成方队排列。

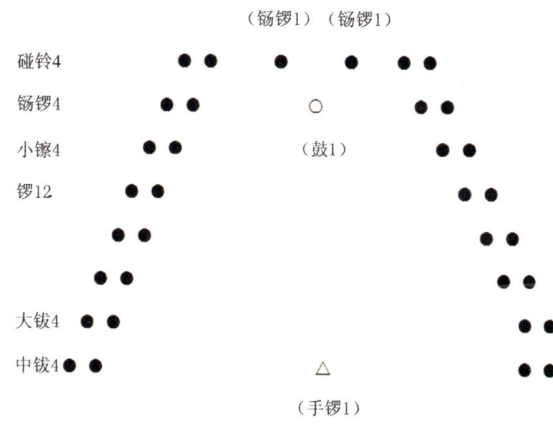

图二　博山锣鼓扇形队示意图

不管队伍大小，始终是一面鼓。鼓槌以优质硬枣木制成，没有包头（多数锣鼓队用布、海绵或橡胶把鼓槌包起来），特别灵活。演奏借鉴了京剧中"司鼓"的技巧，使鼓不仅作为主要节拍来打"点"用，还可以演奏一连串密集的

图三　博山锣鼓队队形实景图

节奏。鼓的制作工艺独特,鼓槌与鼓面直接接触,发出的声音清脆、响亮、穿透力强;起鼓、送人、迎人、杠鼓都有固定的鼓点,但各有各的打法,各有各的意义;在击鼓时除有轻重之别和落鼓的部位(鼓边、鼓帮、鼓心)不同之外,还常以滚捶、双捶、点捶、擦捶等来表现特殊效果。演奏中还巧妙地运用领奏、交替、重叠等手法,继承中国打击乐的击法,使博山锣鼓更具观赏性。

博山锣鼓曲牌种类繁多,内容丰富,表演时洒脱奔放,节奏明快,变化无穷。多种乐器各有特点,鼓威风,锣响亮,钹震撼,镲清脆,既相互映衬烘托,又相互争鸣。现场观赏,只感铿锵有力,激情振奋;远处听去,但闻余音萦绕,回味无穷。博山锣鼓不但具有民族打击乐"刚""粗""热"的普遍特征,更具有自己"柔""细""漫"的个性特征,可谓刚中有柔,粗中有细,热烈中见温和。它既能表现波澜壮阔的场面和热烈激昂的情绪,也能表现稳重宁静的意境和轻松活泼的情调,展示出鲜明的艺术风格。

博山锣鼓这一民间艺术形式,在博山地区扎根生长,传承发展,流传至

图四 博山锣鼓拜师传承仪式

今。为了使博山锣鼓更好地传承与发展,把博山锣鼓的文化底蕴不断传递下去,博山区专门成立了博山锣鼓艺术研究会,全面开展保护、研究工作;对现有曲谱和传统曲牌等各种资料进行了整理保存;对传统演奏技法通过传帮带的形式,加强传承人的培养,传承并不断完善演奏技巧;加大投入,不断充实、更新锣鼓等器具,在保留一支36人锣鼓队伍的基础上,不断加以发展扩大;在节庆日组织锣鼓队伍进行民间巡演,每年举行一至两次地区性锣鼓大赛;利用各种媒体将博山锣鼓拍摄、记录下来,传承下去。

博山锣鼓历史久远,能够体现出当地民间文化的历史渊源。它是当地人创造的草根艺术,也是当地人文化生活的重要组成部分。博山多山,造就了博山人淳厚、粗犷、坚韧、善良的品格,而博山锣鼓的演奏特点和风格,恰如其分地展现了博山人的美好品格。博山锣鼓具有很高的审美价值,尤其是它那紧密配合民间扮玩"五只船"的表演形式,更使它在具有可听性的同时,又增加了观赏性,因而受到中外艺术爱好者及艺术家们的一致赞赏。

齐　韶

> 2009年，淄博市临淄区的"齐韶"被山东省人民政府列入第二批省级非物质文化遗产名录。

《论语·述而》中有一篇说"子在齐闻《韶》，三月不知肉味"。孔子深深感叹："不图为乐之至于斯也！"孔子平素爱好音乐，对乐曲涉猎极广，但他很少对某种音乐有如此之高的评价。由此我们可以推知，齐国的《韶》乐真可以称得上"至善至美"了。

《韶》乐是在齐国大地上生长、完善起来的一种音乐。周朝时，《韶》成为齐国的大型宫廷乐舞，并在齐国盛行了800年之久。齐《韶》的源头，可以追溯到四五千年前大舜所作的舜《韶》。此后，夏、商、周三代帝王先后把舜《韶》进行了改编和加工，并将其作为国家大典用乐。舜《韶》发展至周代，被称为周《韶》，齐《韶》便是由周《韶》发展而来的。据传，周武王灭商时，就是演奏着周《韶》进入商都的。

齐《韶》源于舜《韶》，脱胎于周《韶》，是齐国雅乐的代表。《韶》乐在齐国生根可追溯至姜太公封齐建国之时。周朝政权确立之后，姜太公被分封到齐国，便将周《韶》也带到了齐国。姜太公奉行"因其俗，简其礼"的治国方略，在此形势下，齐国逐渐形成了比较开放和宽容的文化氛围。从这个时候起，东夷的俗乐开始融入周《韶》，逐渐形成了崭新的齐《韶》。到了桓公时期,在管仲的辅佐下,齐国更加富强、开放,齐《韶》在思想、内容和艺术形式上也更加兼容并包,达到了礼、俗的进一步融合。发展至齐景公时期,在晏婴"以礼治国"的主张及其"去同上和""平心成政"礼乐思想的指导下,齐《韶》又增加了新的内容,逐步走向完善。到了战国田齐时期,作为舜的子孙,田齐君主们更加尊崇《韶》乐,同时为《韶》乐增添了新的内容,并扩大了其演出范围,将其艺术水准提高到新的境界。就这样,齐《韶》随着时代的发展不断地完善,成为周代诸侯国中历史最悠久,对周《韶》保存最完整并有巨大创新的一种乐舞。鲁昭公二十五年(前517年),孔子避鲁国内乱来到齐国,在观赏齐《韶》后,他被齐《韶》乐舞的宏大、优雅感染,竟然如痴如醉,三月不知肉味,并发出了"尽善尽美""不图为乐之至于斯"的赞叹,留下了奕世佳话。

今临淄区齐都镇韶院村,有"孔子闻韶处"遗址,据说就是当年孔子在齐国欣赏《韶》乐的地方。韶院村原名枣园村,位于齐故城大城东南部。据1920年《临淄县志》载,清嘉庆时,于城东枣园村掘地得古碑,上书"孔子闻韶处"。后又从此处地下得到石磬数枚,遂将村名改为韶院。

图一　孔子闻韶处

图二　临淄徐姚战国墓出土的舞蹈俑

齐国灭亡以后，齐《韶》并没有消亡，而是随着时代的发展继续丰富和演变。据《隋书·儒林传》记载，公元前221年，秦始皇灭齐后，得到了齐《韶》，将其加入到秦的宫廷乐舞之中；秦二世曾用《大韶》祀庙；公元前202年，汉高祖将秦代的《大韶》改名为《文始》《礼容》；魏文帝曹丕又将《文始》改回《大韶》，作为庙乐；455年，南朝宋孝武帝刘骏将《大韶》易名《凯容》；梁武帝萧衍自定郊庙乐，以《大韶》名《大观》；601年，隋文帝杨坚命令大臣牛弘、蔡征等人取其乐舞，废其歌诗，改编成了祭孔乐舞。后来，历代的祭孔乐舞，如唐代"十二和"《大唐雅乐》、宋代"十二安"祭孔雅乐、元明《大成乐》、清代《中和韶乐》里，都保存了大量的齐《韶》成分。另外，北宋箫韶部所奏的"大曲"也继承了齐《韶》的音乐元素；北宋陈旸的《乐书》里还保存了由他考证、整理的齐《韶》乐章和乐舞。由此可知，后世所传《韶》乐，其源头应该是齐《韶》。从这个意义上讲，临淄为齐《韶》乃至《韶》乐的起源地，当之无愧。

齐《韶》共分为九个乐章。第一乐章为器乐合奏。清晰的钟磬奏响，随之琴瑟、笙竽等

图三　《韶》乐表演

乐器加入，壮丽恢宏的乐声仿佛描绘出一幅齐国百废俱兴、蒸蒸日上的宏伟画卷。接下来是歌、乐、舞交织在一起的七个乐章，依次演出，刚柔相济，动人心弦，歌颂了舜帝的功德以及齐国的强大富庶、齐国君主的英明睿智。最后

图四　临淄稷山汉墓出土的鎏金编钟

的乐章是《凤凰来仪》。舞者扮演的鸟兽纷纷登场，在欢快的乐曲伴奏下翩翩起舞，时而簇拥在一起和鸣高歌，时而分散开来打闹嬉戏，一派欢乐祥和的景象。当"鸟兽"追逐嬉戏时，悬鼓滚奏，洪钟骤响，笙竽高鸣，琴瑟狂拨，美丽的"凤凰"突然降落于舞台中央。众"鸟兽"顿时将其团团围住，炽烈的狂欢将整个乐舞推向高潮。这时，敔声响起，帷幕徐徐落下，整场演出结束。

据考证，齐《韶》的演奏乐器大致可分为3组，共19种。其中打击乐器组有编钟、编磬、编镈、镛、建鼓、鏾、柷、敔、搏拊9种；吹奏乐器组有排箫、管、笙、竽、篪、龠、埙7种；弹弦乐器组有琴、瑟、筑3种。

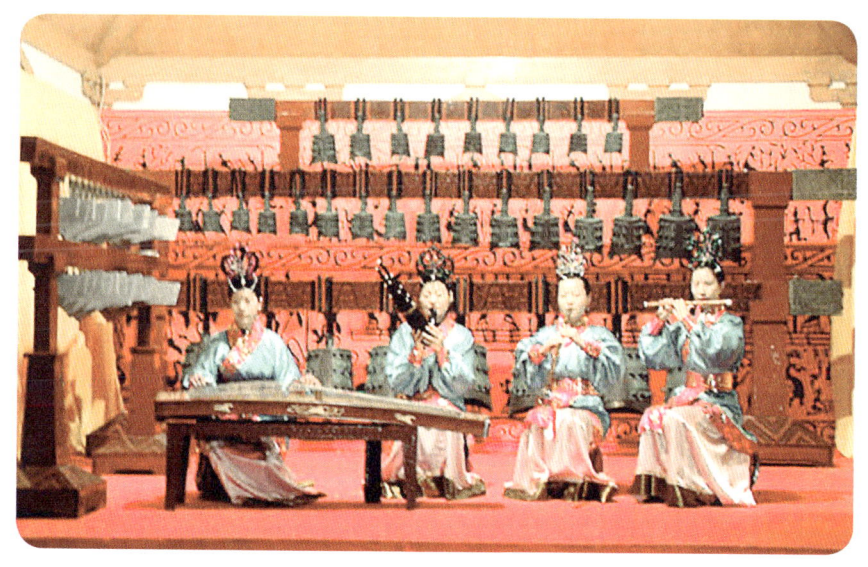

图五　齐国历史博物馆的齐《韶》演奏

齐《韶》对齐国音乐舞蹈史、齐国美学思想史、整个齐国历史乃至中国古代历史的研究，都具有重大意义。挖掘整理齐《韶》有助于人们更真实、更全面、更接近本原地去了解齐文化乃至中国传统文化，了解祖先的艺术生活和精神生活。齐《韶》的艺术特点、艺术成就及其所蕴含的思想感情和文化因素，给今人以有益的启迪和高雅的艺术享受，并以其丰富的文化艺术创作元素和材料，为当代新的文艺创作提供不竭的源泉。

薛城唢呐

> 2009年,枣庄市薛城区的"薛城唢呐"被山东省人民政府列入第二批省级非物质文化遗产名录。

薛城,古称薛国,北临"儒家圣地"曲阜,南依古今名城徐州,东近天然良港日照,西濒黄金水道微山湖,是枣庄市新的政治文化中心。优越的地理位置和人文条件使薛城唢呐形成了以铜杆为主的"平派"(又称"憨派")演奏风格。1996年11月,薛城区被文化部(现文化和旅游部)命名为"中国唢呐艺术之乡"。

唢呐是我国历史悠久、流行广泛、技巧丰富、表现力较强的一种吹管乐器,因其发音爽朗豪放,高亢响亮,刚中有柔、柔中有刚而成为深受人们喜爱的乐器之一。唢呐在明洪武年间随移民的迁徙传入山东一带,明朝中叶,唢呐在山东的鲁南地区已相当流行了。经过长期的发展演变,唢呐吹奏慢慢融进了一些具有地方特色的小调和俚曲,逐渐形成了三个大的派别,分别为西南路、中路和北路。其中以薛城、滕州、峄城为

图一　铜杆唢呐

图二　艺人在薛城唢呐艺术大赛上表演

中心的称中路,其风格以平和稳健、含蓄深沉见长,被艺人们称为"平派"。

唢呐最初是劳动人民用来自娱自乐的。后来,一些贫苦农民为生活所迫,才逐渐以吹奏这种乐器为业,专门为民间的婚丧嫁娶服务。据相关研究,早在清代唢呐音乐已经是雅俗共赏了,民间的红白喜事,均离不开唢呐来烘托氛围。直到今天,在民间葬礼灵棚祭奠时,用木杆和铜杆两种唢呐吹奏的习俗仍未改变。

据中国音乐学院刘勇先生考证,鲁南唢呐主要分为木杆和铜杆,薛城就是铜杆唢呐的发源地。"平派"所使用的铜杆唢呐是由铜皮制作而成,杆长25厘米左右,铜碗直径约6厘米,杆下端的圆筒直径2厘米左右,哨片多用秋天的芦苇中未发出的苇缨制作。铜杆唢呐音色饱满高亢、清脆亮丽、富有穿透力,具有铮铮金属之声。它的音域含两个八度,可分别演奏五个调,即平调、雅调、越调、五字调、凡调。其演奏技法除常用的吐音、滑音、花舌、指花、颤音及吞、吐、垫、打、磨、压外,还有舌冲音、气拱音、反弹音、气唇同颤音、指气同颤音、三弦音、箫音以及循环换气(长时间吹气不断)等。

由于铜杆唢呐吹奏时比木杆唢呐更有难度,吹奏者主要依靠对吞音、吐音、磨音等技巧的熟练掌握来发音,又根据雅调(mi)、平调(re)、凡调(sol)、越调(la)、五字调(do)五个调子规定了相应的曲目,而形成了"平派"的特别风格。传统的铜杆唢呐曲目主要有《十样景》《清河令》《柳青娘》《一江风》《集贤宾》《五六五》《采茶歌》《柳金子》等。近几年唢呐艺人们创作的一些新曲目,融入了对当地人民生活和民俗的真实感受,具有更强的感染力和更高的欣赏价值。

薛城唢呐的代表性艺人有王正元、刘庆荣、崔怀义和崔常永父子等,长年活跃于民间的唢呐艺人有张宗石、刘庆荣、尤广武、顾克雨等。1958年，薛城组建了煤矿民乐队。1963年，薛城唢呐艺人张宗石在广西民族音乐学院任教，并撰写了《唢呐专集》一书，被中央广播艺术团誉为唢呐演奏家，曾出访过20多个国家和地区。张派传人张建民是福建省歌舞团唢呐演奏员，国家二级演员，曾出访过朝鲜、日本等国家；其子张涛就职于广西杂技团，专事唢呐演奏，多次出国演出。艺人刘庆荣，1987年应中国演出公司之邀，在北京中国大剧院灌制个人演奏唱片和磁带20余万套，销往全国各地乃至国外。

1993年6月25日，在薛城成立了山东省第一家民间唢呐艺术协会。1994年，当地成功地举办了"山东省薛国杯金唢呐民间演奏家邀请赛"，从而使全省的优秀唢呐艺术家登上了赛台；在比赛的同时还召开了唢呐艺术研讨会，深入探究了民间唢呐的演奏技艺及文化内涵，为唢呐艺术的发展提供了更高的平台。

薛城唢呐在新时代迎来了新的发展。目前活跃在薛城区的唢呐班子有大

图三　唢呐演奏图

小数十家。其中,薛城唢呐的代表性传承人田家增创办的薛城民间唢呐艺术团,吸引了苏北、豫西和鲁南周边地区众多的唢呐爱好者前来学习,具有重要的影响。

薛城唢呐质朴豪放、高亢激昂,具有较高的艺术价值,受到广大群众的喜爱。目前,这种民间艺术经过文化工作者的长期挖掘、整理和推广,在各方面都得到了很大的提高,由婚丧嫁娶中的演奏,逐步扩展为大型节目联欢、开业庆典、参军、升学、庆丰收等各种场合的演奏,对丰富城乡居民文化生活,满足群众文化需求起到积极作用。薛城唢呐充分显示出劳动人民的才智,对继承和发扬中华优秀传统文化,增强文化自信也具有重要意义。

挫 琴

> 2009年,青州市的"挫琴"被山东省人民政府列入第二批省级非物质文化遗产名录。

挫琴是流传在古青州辖域的益都、寿光、广饶、临淄一带的一种古老而形制奇特的乐器。因为琴身呈半月形,很像汲水用的辘轳头的一半,当地人形象地称其为"半边辘轳头"。辘轳是汲水灌溉的工具,辘轳头用一段圆木制成,呈圆柱状,从中间纵向剖开,正是挫琴共鸣腔体的形状。因为演奏这种乐器时,击弦是一种常用弓法,所以有的农村艺人称其为"打琴";因为用涂了松香的高粱秆拉弦与用锉相似,所以有的艺人称其为"锉琴",而书写时为图简便又约定俗成地写作"挫琴"。这一古老的乐器目前仅见于青州。

民间素有"挫琴即筑"之说。关于筑的最早的明确记载见于《战国策·齐策》:"临淄甚富而实,其民无不吹竽、鼓瑟、击筑、弹琴。"但筑早已失传,而挫琴与筑"同族同宗",一脉相承。清末民国后,挫琴也一度失传。20世纪

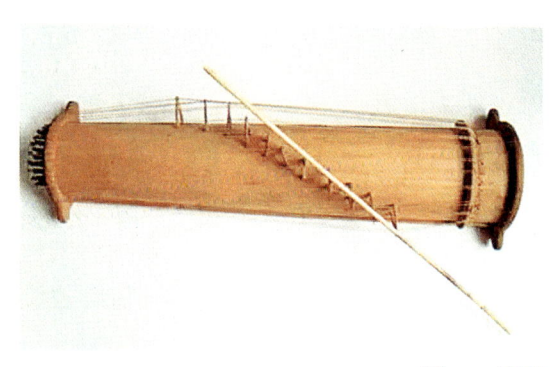

图一 挫琴

图二　第九届CCTV模特大赛决赛现场的挫琴表演

50年代初，挫琴在青州被发现。1957年山东第一届音乐会演，老艺人赵彩云以娴熟的技巧独奏并演唱了《鸳鸯扣》《满江红》《十不全》等挫琴曲目，获得金奖，挫琴也由此引起关注。赵彩云将挫琴演奏技艺传授给其孙赵兴堂和外甥马淑芬，青州挫琴得以传承。2008年10月，挫琴作为最重要的背景音乐和展示品，在中央电视台"第九届CCTV模特大赛"总决赛现场亮相。2008年12月10日，由中国音乐学院主办的青州挫琴演示与研讨会在北京举行。

挫琴琴体以梧桐木为主材料制成，配以丝弦，用高粱秸秆弹拉。挫琴是能击、能拉、能弹拨的乐器，由琴面、琴底、琴头、琴尾、琴岳、琴码、琴轴、琴弦及琴弓组成。挫琴低音区音质粗犷厚实，稍带沙音；中音区音质优雅柔静，含蓄优美；高音区音质清脆响亮。拨弦演奏时，具有独特的民间风味。

挫琴曲是基于挫琴独特的构造及特殊音色而创作的，主要分为三部分：一是传统大调，如《河南满江红》《叠落金钱》《清风马头调》等；二是民间小调，如《茉莉花》《小两口顶嘴》《耍孩儿调》等；三是挫琴独奏

图三　挫琴传承人赵兴堂演奏挫琴

曲，如《鸳鸯扣》《茉莉花》《孟姜女哭长城》《小放牛》等。后来传承人赵兴堂又创作了《彩云追月》《拉响远古的琴声》《青州美》等作品。

青州挫琴被音乐专家称为"化石乐器"，虽历经2000多年的传承发展，但一直保留着原始的演奏形态，其传统的定弦方法和高粱秆制作的弓子凸显出原始而古朴的艺术特点。从战国时期高渐离为荆轲击筑送行、汉高祖刘邦击筑而唱《大风歌》等历史记载中，以及马王堆汉墓出土的《仙人击筑图》等历史文物来看，挫琴最初是一种宫廷乐器，后来才逐渐传入民间。

青州挫琴音乐调性清晰、结构完整，唱腔简单古朴，表演形式更是丰富多样：可单人演奏，也可合奏、协奏；可自弹自唱，也可站、坐表演；可表现宏大的场景，也可在田间、公园随时演奏。挫琴琴弦多用丝弦，采用五声音阶定弦。取高粱秸最末两节，将表皮刮去少许，涂上松香作琴弓。表演者演奏时左手伸进琴底一端的半月形孔内握持，以臂拖住琴身，另一端置于左肩外侧，这样持琴可以使琴身自由地随手腕转动。演奏者右手持弓，演奏时高粱秆接触琴弦，擦、击并用而发音，音色别致。由于挫琴弦数较多，音域较宽，演奏者手腕转动又能很好地配合运弓，因此，用其演奏琶音、双音时

图四 赵兴堂先生和戏友在一起

图五 《挫琴发展及传承研究》系列之"远古的回声"

音响别致,对乐曲的处理有独特的效果。

如今,挫琴演奏艺术在赵兴堂、赵建国、周明等传承人的手中大放光彩。其代表人物赵兴堂多次参加中央电视台、中国音乐学院等举办的文艺演出,中央电视台多个频道及《经济日报》《大众日报》等新闻媒体也曾多次采访报道。对于自己掌握的挫琴技艺和相关资料,赵兴堂都毫无保留,积极宣传,为青州挫琴的发展和传承做出了突出贡献。除此之外,近年来成立的青州挫琴乐团与艺术研究会,也促进了这一古老的艺术在新时代得到创新发展。

青州挫琴艺术传承至今,自有其价值所在。首先,挫琴琴身采用梧桐树上好的肩骨木制作,而梧桐树的肩骨木传说是凤凰落脚的地方,这为挫琴增添了丰富的传统文化内涵;加之挫琴演奏的抒情乐曲格调高雅,耐人回味,具有较强的艺术感染力。其次,挫琴演奏是由宫廷音乐逐渐演变为民间音乐,传承2000多年而不衰,对于研究中国古代音乐及其发展沿革有着特殊的历史价值。除此之外,青州挫琴还一直保留着原始古朴的制作工艺和定弦方法,有完整的曲谱,演奏形态多样。青州挫琴在民间的活态传承及其独特的制作、演奏方式使其具有"活化石"的意义。

　　古老的青州挫琴因其独特的艺术魅力和价值传承至今,承载了齐鲁沃土上浓郁的历史文化和亘古不衰的地域特色。挫琴所蕴含的艺术价值和民族风范将在世代的传承中愈发清晰与动人。

箫韶乐舞

2009年，曲阜市的"箫韶乐舞"被山东省人民政府列入第二批省级非物质文化遗产名录。

箫韶乐舞起源于4000多年前的中国上古时期，相传为虞舜与其司法官皋陶合作歌词，乐官夔配曲编舞合成。西周时期经过加工整理，其形式、内容更加规范完善，被定为祭祀"四望"（四方之神）的典范乐舞，广为流传。

图一　箫韶乐舞相关资料

箫韶乐舞诞生在文化底蕴深厚的曲阜。曲阜古称寿丘，舜帝曾在此制作什器。箫韶乐舞是舜帝的乐舞，舜不但用其祭祀祖考和天地，而且用其教化了"三苗"。箫韶乐舞是乐、歌、舞三位一体的综合艺术形式，它的乐体属于大雅，核心思想就是一个"和"字，倡导团结和谐，创业兴邦，体现了"乐与政通"的思想。箫韶乐舞具有丰富的文化内涵和强烈的艺术感染力，使人为之倾倒。

早在远古时期，我国就已经有假面舞、干戚舞、羽舞、锦鸡毛头饰舞等原始的舞蹈形式,这为后来乐舞的形成提供了源头活水。相传,舜帝和皋陶合作歌词,夔配乐编舞,合成并排练出箫韶乐舞。夔主持首次祭祖演出的仪式,参与祭祀活动的还有舜帝特邀的贵宾——唐尧的儿子丹朱等人。君臣、宾主之间互相礼让,呈现出和睦、友好的气氛,演出取得了成功。之后,韶关、韶山等地又多次上演箫韶乐舞,这些地方也因此而得名。

中国古代素来都是礼不相沿、乐不相袭,所以只要改朝换代,都要制礼作乐。但大多是改换前朝乐舞的歌词内容和乐舞名称,而乐体照旧。西周时期对上古乐舞进行了全面的整理,又新创了《大武》,并形成了定制:以《云门大卷》祭祀黄帝,《咸池》祭祀唐尧帝,箫韶乐舞祭祀虞舜帝,《大夏》祭祀夏禹帝,《大濩》祭祀商汤,《大武》祭祀天地与祖庙。

春秋末期"礼崩乐坏",而箫韶乐舞却保存了下来,后由汉高祖更名为《文始》。汉代以后的文献,只是复述前人记言,大概在汉代此乐舞已失传。此后的朝代,大多是沿袭旧乐,进而改名、填词,作为本朝的雅乐。

由于历来朝代更迭,长期动乱,旧有的雅乐大多失散。后世雅乐的创作主要有两种,一种是吸取与改编民间音乐的成分,如汉初采用《大风歌》和

图二　箫韶遗响——祭孔乐

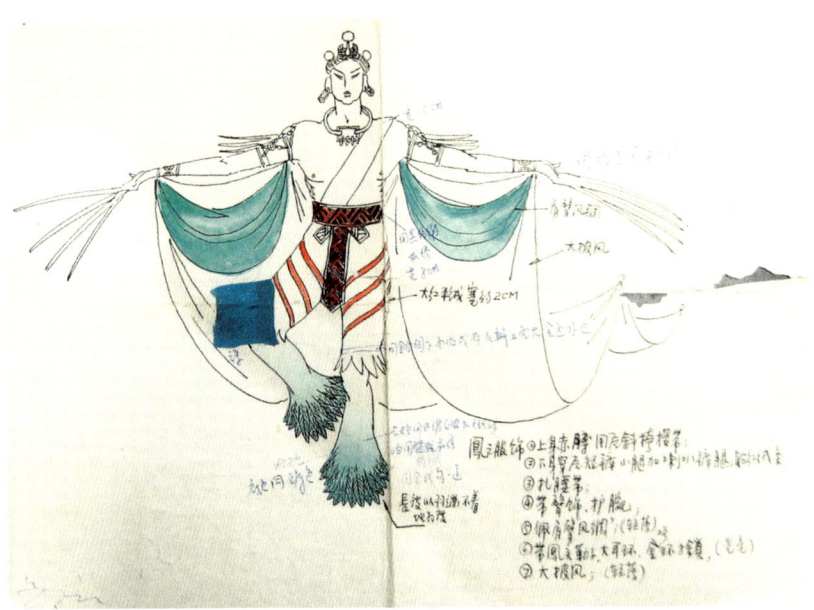

图三　箫韶乐舞男舞者的服饰设计图

《巴渝舞》入雅乐；另一种是文臣受命撰写歌词，由乐官"协律"，据旧乐或当代曲调改编乐曲，如汉武帝时司马相如等作词的《郊祀歌》十九章等。在宋代雅乐曲调中，另有一种拟古的诗乐，比如赵彦肃所传《大唐开元风雅十二诗谱》。

以上所述的是朝廷系统的雅乐的沿革损益。在曲阜孔庙内关于"六乐"沿袭传承可查阅到的记载，是汉章帝元和二年（85年）来曲阜祭孔，借用了当时孔庙中正在演习的"六代乐舞"。这说明当时"六乐"在曲阜还没有失传。汉以后，不见文献记载箫韶乐舞，只能查到《圣门乐志》中载有"播之管弦羽籥而仿佛箫韶之遗响者"，《圣门礼志》中亦有"聆九成之箫韶焉"等文字，由此可知"大成乐（祭孔乐）"仍存有箫韶遗响。

箫韶乐舞能够传承下来，得益于明朝伟大的乐律学家朱载堉为后世留下的《乐律全书》。书中记载了韶乐的文字古谱和舞容，经过和《十三经注疏》等古籍中的相关资料汇集，再经过中国艺术研究院、北京大学、山东省群众艺术馆请专家吴晓邦、阴法鲁、董锡玖、刘峻骧、魏占河、乔建中、傅兆先等审阅论证，终于整理出了箫韶乐舞。

萧韶乐舞内容丰富，形式多样，寓理深邃。舞蹈中有凤箫舞：舞者头戴獬豸冠，象征执法严明；身着深衣，象征文雅；手持凤箫，象征和鸣。此外还有鸟形、兽形入舞，寓意更深。"箫韶九成，凤凰来仪"象征天下太平，社会和谐，天人合一。历史上有舜以萧韶乐舞教化"三苗"的记载，可见其具有寓教于乐的功能，能够陶冶人们的情操，净化人们的心灵，提高人们的思想道德境界。总之，萧韶乐舞的内容丰富而健康，既有深刻的哲理追求，又有多彩的艺术形式。

萧韶乐舞集乐、歌、舞于一体。其基本特征首先是乐制严格，井然有序。古代以萧韶乐舞祭祀四望，要求乐置四面，八音齐全（金、石、丝、竹、土、匏、革、木八种不同质的乐器，奏出八种不同的乐音）。萧韶乐舞乐器齐全，服饰、礼器礼品等也细致翔实，其中服饰有乐生、舞生、鸟形、兽形，礼生、祭祀官、鸣赞、引赞等，多则360套，少则180套。萧韶乐舞演奏行速缓慢，绵绵不绝；乐词一字一音，一唱三叹。乐器齐备，内涵深奥；舞容端正，舞象深邃，舞种繁多，刚柔相济。整套乐舞感染力强，教育性大，影响深远。

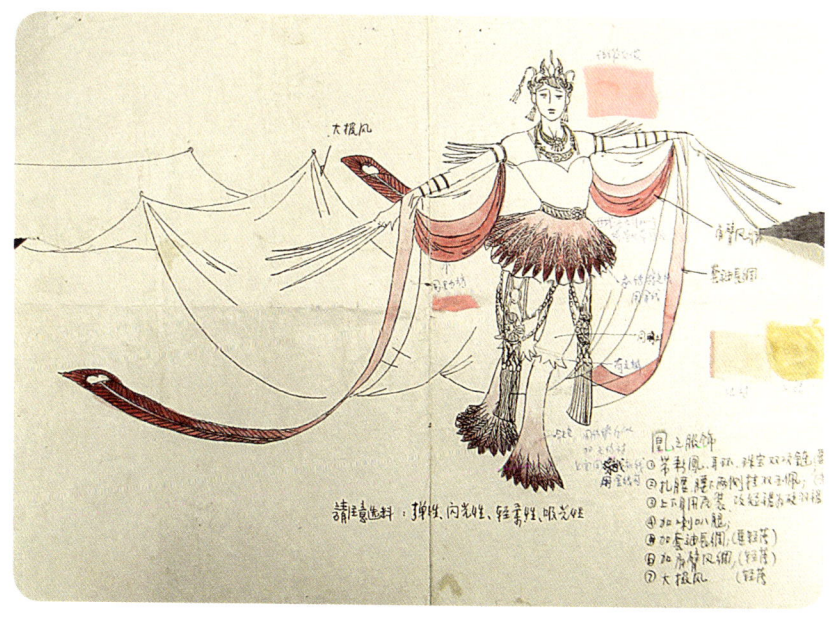

图四　萧韶乐舞女舞者的服饰设计图

图五　箫韶乐舞演出资料

箫韶乐舞在曲阜孔府档案中的《圣门礼志》《圣门乐志》《阙里文献考》等文献中都有记载，通过孔府乐坊的乐舞生口传身授的方式得以世代传承。

箫韶乐舞不仅具有重要的历史价值，还具有积极的现实意义。在当下，箫韶乐舞从内容到表演形式，都放射着团结向上、和谐融洽的光芒，富有感染力，便于寓教于乐。保护和传承箫韶乐舞，对于传承中华优秀传统文化，增强文化自信，发展文化旅游事业，具有重大的价值和意义。

东平硪号子

> 2009年,东平县的"东平硪号子"被山东省人民政府列入第二批省级非物质文化遗产名录。

东平硪号子系民间小调,也叫"打夯号",起源于今东平县陈流泽村。陈流泽村位于河湖之畔,以前常有洪水冲毁宅院。村里先辈们为防止水患,不断修堤筑坝。据村里老人讲,明永乐九年(1411年),当地官府组织修筑戴村

图一　村民边打硪边喊号子

图二　各式各样的石碓

坝，陈流泽村的先辈们被征去修坝。他们用石碓打桩时，口喊号子来调整打桩的节奏，这种极为简单的劳动号子，能让大家劲往一处使，使繁重的体力活变得有节奏感和轻松感。后来在修筑东平湖堤、临黄大堤、大清河堤、大汶河堤、小汶河堤以及为库区垫房台时，碓号子不断被人们传唱，盛行一时。

东平碓号子根植于乡村，带着泥土的芳香，几百年来响遍鲁西南与东平湖畔，具有独特的艺术魅力。它取材于生活，演出条件限制较小；曲谱独特，随编随唱；既可供群众农闲时娱乐，也可供群众劳作时鼓舞士气，极大地丰富了农村百姓的文化生活。

碓号子表演时有一人领号，八人应号，有快有慢，有急有缓，节奏感非常强。随着历史的发展，碓号子的内容和题材不断丰富，主要包括民间传说、历史故事、传统戏曲、民间笑话和现代号子等。其中，现代号子最具时代性，例如，20世纪70年代至90年代初，随着人们生活水平的提高，更多人开始建造新房，当时刚过而立之年的年轻领号人陈学福把毛泽东诗词融入碓号子之中，赋予碓号子更多的时代气息。

碓号子的表演道具是常见的劳动工具，主要有石磙碓、片子碓、篑子碓、杵头子等。它不需要复杂昂贵的道具，不需要华丽的服饰，不需要其他器乐的伴奏，更不需要正式的舞台，只要有石硪，有打硪的人，就可以喊唱。

东平硪号子发展到今天，具有丰富的历史价值、实用价值、文化价值和艺术价值。

图三　硪号子表演场景

东平硪号子具有很高的历史价值。硪号子源于劳动人民的劳动实践，根植于时代的深厚土壤。陈流泽村的先辈们凭着自己的聪明才智，创造了大量脍炙人口的硪号子，它们取材于生活，曲调独特，言辞朴实无华。领号人在不同劳动条件下创造不同的硪号子词，将临时创作的词融入原来的曲调之中，应号人仍然可以随应自如。这就使硪号子的题材和内容随着时代的变迁

图四　东平硪号子艺人合影

不断推陈出新。因此，硪号子词本身就保存着大量的历史资料。

硪号子在劳动过程中可以协调打硪人的动作，鼓舞士气，缓解疲劳，具有实用价值。施工打硪是一种极为繁重的体力劳动，通过有节奏的硪号子，打硪人可以保持动作协调一致，使施工更高效；硪号子的内容通常有一定的趣味性，给本来繁重的体力劳动增添了乐趣，可以缓解打硪人在施工过程中的疲劳感。陈流泽村的村民喊着这响亮的硪号子，完成了东平湖堤、临黄大堤、大清河堤的建设任务。

同时，东平硪号子作为一种娱乐方式，极大地丰富了当地群众的文化生活，具有很高的文化价值和艺术价值。陈流泽村的硪号子植根于乡村沃土，得益于民间文化的滋养，凝聚着村里一代代劳动人民的心血和智慧，是我国民间音乐中的宝贵财富。

石岛渔家大鼓

2009年,荣成市的"石岛渔家大鼓"被山东省人民政府列入第二批省级非物质文化遗产名录。

山东省荣成市石岛镇地处胶东半岛最东端,人口约20万,拥有北方最大的渔港,是国家一级开放口岸。这里文化底蕴丰厚,是著名的文化艺术之乡。石

图一　石岛渔家大鼓表演

岛渔家大鼓就源于石岛镇的大鱼岛村。古代大鱼岛人以出海捕鱼为生，每当鱼虾满仓、平安归来时，人们就敲起锣鼓来表达喜悦之情，石岛渔家大鼓就是在此基础上形成的。

图二　石岛渔家大鼓在荣成市锣鼓大赛上表演

石岛渔家大鼓现在盛行的区域非常广泛，以石岛为中心，向北一直延伸到黄海、渤海沿海地区，向西覆盖整个胶东半岛。起初，这种锣鼓一直被称为"大鱼岛渔家大鼓"。20世纪80年代，随着改革开放的不断深入，石岛成为我国北方最大的渔港，石岛的渔民都采用了大鱼岛渔家大鼓作为庆贺、庆典的方式，最终形成了现在的石岛渔家大鼓。

石岛渔家大鼓演奏的基本套路可分为三大部分。第一部分叫序曲长套，第二部分是间曲123，第三部分叫华彩水斗。第一部分序曲长套起点沉稳、舒缓，节奏分明，表现了渔民出海前乐观平静的心态和人定胜天的信念。第二部分间曲123表现的是渔民驾船进入渔场下网捕鱼的场景，此时的鼓点欢快高亢，有力地表现了紧张激烈的海上作业情景。第三部分华彩水斗是整个曲调的精华所在，主要表现渔民在狂风大浪中战天斗海、不屈

图三　石岛渔家大鼓参加庆典

图四　石岛渔家大鼓进社区

不挠的精神。这部分以弱拍为起点，节奏越来越快，鼓调激昂高亢，结尾戛然而止，给人以跌宕起伏、出人意料的艺术享受，充分表现出渔民胆大心细、战胜自然的豪迈气概。

石岛渔家大鼓的演奏需要多种乐器配合，主要有一鼓、二钹、大钹、大锣、小锣、小镲。演奏时锣鼓为主打乐器，二钹起着指挥的作用；鼓均为双面蒙皮击打乐器，钹为铜和白银合成，称为"响铜"。

石岛渔家大鼓是沿海渔民在特有的地理环境和历史环境中形成的一种民间艺术，具有广泛的群众性和民间传承性。在长期的发展演变过程中，它形成了自身

图五　老师教孩子们打渔家大鼓

特有的鼓谱体系和表演形式。

石岛渔家大鼓主要起源于广大渔民为了祈佑出海平安、庆祝鱼虾满仓而举行的活动，真实地反映了沿海先民和自然搏斗的历史，对研究渔业文化、民俗文化等提供了重要资料，具有历史、文化和科学价值，并渗透着浓厚的胶东风土人情和浓郁的地方特色。目前，石岛渔家大鼓已经成为山东半岛渔民最为喜爱的文化娱乐活动之一，是他们在节日庆典和重大活动里必不可少的娱乐项目，并逐渐受到更多人的喜爱。

张氏吹打乐

2009年,莱芜市莱城区的"张氏吹打乐"被山东省人民政府列入第二批省级非物质文化遗产名录。

莱芜市莱城区牛泉镇的庞家庄村,南傍莲花山,北靠笔架山,东依葫芦棚,西接凤凰山;南通新泰,须经"雁过拔翎"的雁翎关,北通莱城,须走当年"齐鲁夹谷会盟"的大夹谷。这里钟山水之灵秀,养育了一方勤劳智慧的人民,张氏吹打乐就在这里生根发芽,盛开出一朵艳丽的艺术之花。

吹打乐的发展演变经历了漫长的历史时期。从原始时代到秦汉时期,由于生产和战斗中鼓舞士气的需要,出现了吹打乐的原始形态;汉代到明代,吹打乐逐渐由鼓舞伴奏转型为独立的艺术形式。在古代,张氏吹打乐班以庆典、祭祀、庙会、婚丧嫁娶等场合的演奏为生计,也经常出现在迎新官、送卸任的场合。明末清初,张氏吹打乐演出地区以京城为主;清代中期以来,其演出区域以莱芜为中心,辐射周边地区,所到之处皆受欢迎。也有部分传承人应邀参加重大演出,足迹踏遍齐鲁,直至河北保定等地。

张氏吹打乐班始祖张节是河北枣强人,他自幼精通音律,尤其擅长吹管。明代万历年间,张节曾被召为宫廷乐师,多次受皇家嘉奖。告老还乡后,他创办了张氏吹打乐班。张节暮年因避战乱迁于泰山东麓、汶水之畔的鲁西村。至二代传承人张启超,因担心练习唢呐、锣鼓过于喧闹而打扰附近居民,于是搬到青峰毓秀的笔架山下定居。从此,张氏吹打乐班晨练迎朝阳,夕练送落日,演奏技巧日趋成熟,并世代传承,以至今日。

张氏吹打乐在演奏形式和内容上可分为三大类。第一类是打击乐。主要用于大型庆典及演出的前奏,其套路有几十个板头。第二类是吹打乐。主要用于庆典、祭祀、庙会、婚丧嫁娶等大型仪式和迎新官、送卸任的场合。其表现喜庆时欢快流畅,轻似燕,脆如竹,直上云天;抒情时则余音袅袅,缠绵于耳,情深意切,使人如醉如痴。如张氏吹打乐传承曲目中的《同心曲》,乃古代迎接新官上任的曲目,该曲管、弦和鸣,气势宏大,特别是四支长号吹响,意在"号令四方",使人规避听令,更有震耳欲聋的八面大筛锣,名曰"八面威风",令人敬畏。另一首传承曲目《小别曲》,乃古代清官卸任送别之曲目。四号呜咽,令人大动离别之情;八锣鸣金,以示所送官员虽已卸任,但其功绩长存;管、弦、丝、竹及大小唢呐和鸣,如泣如诉,缠绵悲壮,令人期盼小别而重逢。张氏吹打乐传承曲目今存120

图一　张氏吹打乐班老照片

图二　张氏吹打乐传承人张立夏展示自己保存的老曲谱

余首。第三类是吹咔说唱。吹咔大多是以传承曲目及地方戏曲唱腔为原型，用唢呐或口哨（亦称"龙笛"）模拟人声，所依剧种有莱芜梆子、盘龙梆子（俗称"老婆调"）、京剧、豫剧、吕剧、评剧、越剧、山东梆子、河北梆子、黄梅戏、二人转等；说唱是边演奏边说唱，即兴发挥，现编现唱，通俗流畅，不拘一格。

乐班使用的乐器品类繁多，主要有三大类。一是吹管类，包括唢呐、笙、竹笛和号等。唢呐可分为极高音、高音、中音、低音、超低音五种。极高音唢呐身长20厘米左右，音高可至小字五组；高音唢呐俗称"三号笛"；中音唢呐俗称"二号笛"；低音唢呐俗称"一号笛"；超低音唢呐俗称"大喇叭"。近几年来，乐班又新添了加键低音唢呐，音域更加丰富，乐曲更加优美。笙也分高音笙、中音笙、低音笙，有时也使用芦笙。竹笛有竖笛和横笛。竖笛以箫为主，横笛又分为曲笛和梆笛。号

图三　吹打乐各式乐器

图四　张立夏演奏

基本传承了中国古长号的特点,俗称"莽号"。二是打击乐类,包括鼓、锣、钹等。鼓有羯鼓(俗称"战鼓")、大堂鼓、中堂鼓、小堂鼓、板鼓、花鼓、盆鼓等。锣有京锣、包锣、当锣、云锣、中音锣、低音锣、超低锣(俗称"大筛")等。钹有大钹、小钹、铙钹、镲等。除鼓、锣、钹外,常用的打击乐器还有木鱼、戏梆子、竹梆、戏板(俗称"简板")、碰铃等。三是弦乐类,包括二胡、低胡、中胡、高胡、京胡、歌曲板胡、戏曲板胡、提琴(莱芜梆子主弦乐器)、大阮、中阮、琵琶、柳琴、月琴、三弦等。

随着社会的发展以及中西文化的交流,为适应人们的审美需求,乐班在传统乐器的基础上,也采用了部分西洋乐器作为辅助,用于丰富乐曲演奏方式,使其更加优美,如萨克斯、电子琴等。

张氏吹打乐的十二世代表性传承人张立夏,6岁学艺,师承十一世传承人张传响(其父);7岁随父亲演出,现已成为莱芜著名的唢呐演奏艺人。为弘扬优秀传统文化和振兴孔子的"礼乐"精神,张立夏在演奏的同时带徒授艺,积累了丰富的创作、演奏、授艺等经验。

几百年来，张氏吹打乐不断发扬光大，一代代传承人精益求精，代代相传，艺术造诣不断升华，对于吹打乐的传承也从未停止探索。如建立以吹打乐器加工、吹打乐文艺演出等为主要内容的文化发展公司；倡导与婚俗、民俗事项相结合，广泛开辟吹打乐演出市场。乐班传承人谨遵祖训，以传承为根本，积极汲取各派精华，努力做到"人无我有，人有我精"，为保护和发扬这一民间艺术瑰宝做出了应有的贡献。

阳谷寿张黄河夯号

2009年，阳谷县的"阳谷寿张黄河夯号"被山东省人民政府列入第二批省级非物质文化遗产名录。

地处鲁西平原、黄河之北的阳谷县隶属山东省聊城市，《水浒传》里武松打虎的故事就发生在这里，阳谷县也因此为人们所熟知。阳谷县内有两条河流

图一　阳谷寿张黄河夯号在山东阳谷第二届蚩尤文化研讨会上表演

经，一条是孕育中华民族的母亲河黄河，另一条是世界上里程最长、工程最大，也是最古老的运河之一的京杭大运河。优越的地理条件孕育了阳谷灿烂的地域文化。千百年来，在岁月的侵蚀与打磨下，有些

图二　黄河夯号表演

文化迸发出强大的生命力，生生不息；有些已经永远地消失在历史的洪流中；而有些却只存在于人们口头相传之中。阳谷寿张黄河夯号就是这类口头相传的非物质文化遗产的突出代表。

阳谷寿张黄河夯号产生于黄金堤脚下的寿张镇（过去为寿张县）一带。"南修金堤挡黄水，北修长城拦番兵"，这里堤坝的修筑历史可以追溯到秦朝。数千年来，黄河下游河水泛滥、改道给阳谷人带来了深重的灾难。当地人在抵御黄河侵害而修筑堤坝的劳动中，为了消除寂寞，缓解疲劳，统一步调，所喊唱的一种调子就是阳谷寿张黄河夯号。也就是说，这些流传在修堤老人口中的号子，很有可能是从秦朝流传至今的。这种调子不但广泛出现在过去修筑堤坝时，而且普遍使用于黄河两岸的农村建房分实地基的劳动中。如今，阳谷寿张黄河夯号主要分布在山东、河南、山西、

图三　"老号子"唱起黄河夯号

陕西等省的黄河沿岸地区。

阳谷黄河夯号是黄河沿岸劳动人民在修筑堤坝的过程中，为了使拉夯的人群能够缓解疲劳，动作协调一致而喊唱的一种娱乐形式。古代由于机械落后，修堤的主要工具就是石硪。这些石硪主要有三种，从最早的"片硪"到"灯台硪"，再发展到后来的"石柱硪"。打硪工作是沉重而乏味的，在艰苦的生活条件下，寿张黄河夯号就成了拉夯者的精神食粮和解乏良方。喊唱的内容有民间传说故事，有历史人物故事，有自然景物，有日常生活和乡间趣事，有传统戏曲，其中不少是即兴编唱；喊唱的民间小调有《小咳呀》《小莲花落》《大雁窝》《大锯缸》《咳呀咳》《打杈头》等；歌词有《滚绣球》《刘关张》《包文正》等30余篇；节奏有快有慢，有唱有和，声音高低和唱词长短皆不固定。

因阳谷寿张黄河夯号是沿黄一带劳动人民在修筑堤坝或建屋打地基过程中即兴喊唱的一种娱乐形式，所以它具有喊唱调子的自由性，有说唱腔调以及表演唱词皆口头流传等特点。喊唱的快慢节奏不一，唱和形式不固定，对声音的高低和唱词的长短皆没有固定的要求。在演唱的过程中，旋律相对稳定，而唱词可以改动甚至可以即兴发挥。如："上树扁担两头弯，挑在肩上两头尖，

图四　村民在防洪大堤旁表演阳谷寿张黄河夯号

杨是杨柳青担呀,两头扇,轻又便,来回挑土跑得欢,你是我的好伙伴,嗯哎哎嗨哟。桑树扁担六尺长,挑在肩上硬邦邦,杨是杨柳青担呀,来回挑土跑得欢,嗯哎哎嗨。"

阳谷寿张黄河夯号是黄河沿岸劳动人民勤劳智慧的具体体现,将其发掘整理并传承下去具有重要的意义。时间缓慢流逝,作为劳动工具的石碾也已经被岁月尘封了起来,但阳谷寿张黄河夯号在历史的长河中并没有消失,反而像老酒那样,越来越浓烈醇香。

黄河号子（滨州）

2009年，滨州市的"黄河号子"被山东省人民政府列入第二批省级非物质文化遗产名录。

黄河号子集中分布在滨州市，此地位于黄河下游，有多个县区分布在黄河两岸。1855年，由于黄河在河南兰阳（今兰考）铜瓦厢决口，于是改道形成现在的黄河河道，泥沙不断积累，渐渐形成地上河。为了预防水患，从

图一　村民打夯场景

1856年起，自河南省孟津县的牛庄和孟州的中草坡，到黄河入海口处，修筑了南北岸大坝。在宽阔的黄河河面上，人们开始进行水上运输，大型帆船可以出入黄河口，通过渤海到达大连等地。

劳动人民在修筑大坝运土、打夯时，为了用力一致，减轻疲劳，齐声发出豪放雄浑的呼喊，逐渐形成了脍炙人口的夯号子。发展了水上运输之后，船工们在长期行船与波涛巨浪搏斗中，为了集中力量，顺利工作，也不由自主地发出了呼喊声。这高亢响亮的呼喊日复一日，年复一年，逐渐完整成型，成了朗朗上口的船工号子。这样形成的夯号子和船工号子都属于黄河号子这一特点鲜明的民间音乐。黄河号子内容十分丰富，不同工作中都有各自特色鲜明的呼喊声。船工号子就包括拉篷号、拉套子号、摇橹号、撑挽子号、拉锚号、挖棹号和推船号等，而夯号子包括夯号、下桩号、捆柳号、推车号和打板号子等。这种艺术形式没有乐器伴奏，只有劳作人民质朴嘹亮的声音，有时仅仅是"哎、嗨、呀、吆"之类的口号。有的夯号子会带有部分唱词，大多涉及一些民间风俗，呼喊时即兴填词，显示了劳动人民的幽默诙谐，充满浓厚的民间风味，具有鲜明的地域特征。

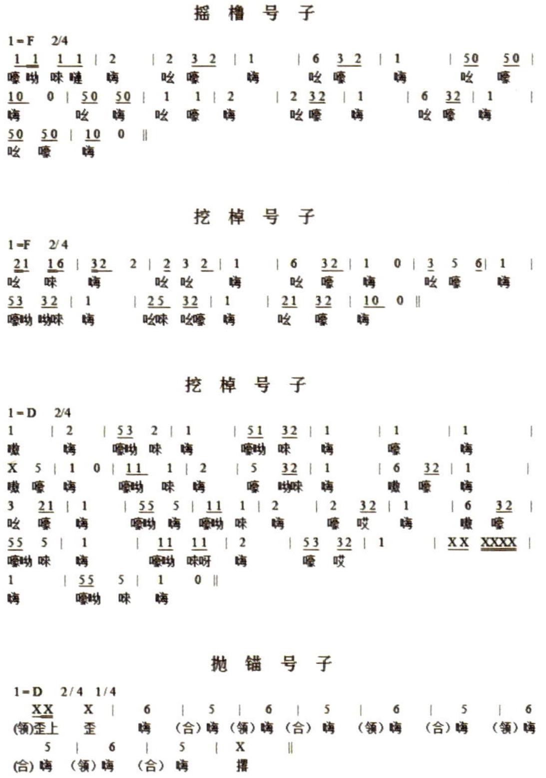

黄河号子是黄河文化的精华，是滨州民间艺术之花，有较高的欣赏价值和研究价值。黄河号子在调式和调性上非常丰富，节奏和节拍长短不一，结构

图二　黄河号子部分谱调

图三 黄河号子表演场景

和旋律各有特点。如挖棹号子发出"吆嚎嗨"的声音，节奏平稳且富有力量，铿锵有力，紧促奋进，极容易上口。又如大锚号子是"歪嗨歪嗨"声，旋律高亢简短，充分表现了船工们的乐观主义精神，蕴含着团结就是力量的内涵。再如夯号子"打起咱的夯"，整个号子共四个乐句，是一领一和的形式，四句不断反复，使人百听不厌；应号时带一个儿化音，轻盈幽默，前呼后应，我们可以从中感受到打夯者的默契配合。这种号子可以充分激发打夯者的情绪，使他们鼓足干劲，提高工作效率。还有诸如"梁山伯与祝英台"的号子，方言味浓厚，地方特色鲜明。这数千公里的巍巍长坝和广阔的河面，凝聚了千百万沿岸劳动人民的血汗，也孕育了光辉灿烂的黄河文化和丰富多彩的黄河号子。

百余年来，黄河号子与滨州人结下了不解之缘。它那上口的旋律，"哎吆呀嗨"的喊唱给生活在黄河沿岸的人们留下了美好的记忆；它那古朴而又纯正的乐音为黄河文化增添了无限的光彩。一代又一代的传承者用他们朴实而有力的嗓音，千遍万遍地重复着简单的旋律，使黄

图四 黄河号子表演场景

河号子更加完美、充实。黄河沿岸的劳动人民就是用它沟通了东西的黄河文化和人们之间的感情，就是唱着它修筑了这巍巍千里的大坝，使这条历年泛滥成灾的大河，变成了人民心中的甜水。黄河号子是滨州民间文化的宝贵财富，是黄河文化的

图五　"老号子"刘殿臣接受采访

象征。它丰富多彩的内容，简短淳朴的旋律为我们研究黄河文化提供了宝贵的历史资料。

　　黄河号子在滨州传唱不衰。刘殿臣是垦利县小街乡梅家村的普通农民，他自16岁始做黄河船工，年轻时由于身材魁梧、声音洪亮，加上天资聪慧，从老一辈船工那里学习掌握了大量的船工号子，在行船中带领船工们完成无数繁重的工作。刘殿臣在黄河和渤海上行船的船工中有很高的威望，有许多人向他学习船工号子，使之能够很好地传承下去。刘殿臣退休以后仍向人们教唱船工号子和夯号子，并积极配合文化工作者做好黄河号子的挖掘、整理、传承工作，使黄河号子仍旧回荡在大家的耳边。

　　黄河号子历史悠久，是黄河文化的重要组成部分。它虽无任何乐器伴奏，但在豪迈有力的旋律中蕴涵着巨大的力量。黄河号子始于人们生产生活中的劳作，如今已成为当地百姓文化生活的一部分，其丰富的调式饱含着人们对生活的坚定信念，独特的旋律诉说着人们对生活的美好追求。或铿锵有力，或紧促奋进，或抒情悠扬，或绵久深厚，或幽默诙谐的语言中包罗生活万象，浓厚的方言味儿彰显了地域风情。黄河号子见证了当地人生活的变迁，是当地无可取代的文化符号。

为让质朴厚重的黄河号子永久流传下去，让后人能够体会当地人民劳作时大声呼喊、团结一心的气势和不畏艰苦、乐观向上的精神，如今，社会各界在努力对黄河号子采取保护措施。黄河号子已被搬上舞台演出，使人们更容易欣赏到这独一无二的民间艺术。黄河号子必将一代代传承下去，持续绽放它的独特魅力。

牛屯鼓乐

> 2009年,定陶县(现改为菏泽市定陶区)的"牛屯鼓乐"被山东省人民政府列入第二批省级非物质文化遗产名录。

定陶古称陶,是中华文明的发祥地之一,也是中原通衢之地。尧、舜二帝曾在此建都,定陶因而成为当时的政治、文化重镇。著名的牛屯鼓乐就源于定陶的牛屯村。

牛屯鼓乐流传于鲁西南及周边地区,距今已有数百年的历史。据牛氏族谱记载,牛文灿是牛屯鼓乐的创始人。当时牛屯村一直活跃着高跷、旱船、倒骑驴(坐柳椽)、唢呐、秧歌等多种民间艺术形式,牛文灿就出生在这样一个文艺兴盛的环境中。牛文灿自幼喜爱鼓乐,饱读诗书。赴京赶考期间,他领略了京城鼓锣演出的风采,从中了解和掌握了一些鼓乐知识。在此基础上,他取长补短,

图一 牛氏祠堂内纪事碑

图二　牛屯鼓乐表演

独创的鼓乐曲目《雷公闪将》《天公作美》《天下太平》《风调雨顺》《鸡上架》等流传至今；演奏乐器也由最初单一的锣、镲增加为后来的锣、铙、鼓、镲等多种传统乐器。至今牛氏祠堂内还保存着三块万历年间的鼓乐画像石，这三块画像石详细刻画了牛氏先人以鼓作乐、载歌载舞的欢庆场面。

牛屯鼓乐在明朝时极为辉煌，当时有"牛屯鼓乐如响雷"的美誉。牛屯鼓乐表现力极强，其中最具特色的乐器是牛皮令鼓，又名"雷霆大鼓"，其鼓因擂击时发声奇特，响声如雷而饮誉鲁西南。

牛屯鼓乐经过几百年的传承演变，逐渐形成了一整套成熟的演奏技巧，促进了山东民间鼓乐的发展，是山东鼓乐的杰出代表。就其艺术表现力而言，称得上是民间音乐中的瑰宝。

图三　牛屯鼓乐在山东省农村文化艺术节民间吹打乐决赛获金奖

图四　牛屯鼓乐进校园

如今，牛屯鼓乐经过数百年的发展，形式、内容更趋纯熟，影响力不断扩大。2007年，在全省首届农村艺术节"农村吹打乐"决赛上，牛屯鼓乐一举夺得金奖，之后又多次参加省、市组织的大型文化活动并获奖，得到专家学者的一致好评。牛屯鼓乐还多次走进乡镇、校园，为群众演奏，向学生展示民间音乐的风貌。

牛屯鼓乐演奏的基本形式，按功能可分为三种：一般鼓乐、祭祀鼓乐和雷霆鼓乐。一般鼓乐以一面战鼓为令鼓，配以小镲、小锣等乐器，用于一般红白事，曲目以小曲调为主。祭祀鼓乐多以双鼓为令鼓，并配以中镲、中锣等乐器，主要用于旧时大户人家祭祀，气势宏大，曲目以套曲为主。雷霆鼓乐以直径超1.5米的大鼓为令鼓，左、右各设一个战鼓，配以全套青铜乐器，有时也配管乐器，成"八"字排列。雷霆鼓乐演奏时，显得古朴典雅、庄严肃穆，旧时多用于官家大典、宗族大事，是牛屯鼓乐的灵魂。

牛屯鼓乐曲目丰富，口传有108套，初步挖掘整理出传统曲目17套，至今常用的有15套，代表曲目有《雷公闪将》《天公作美》《天下太平》《风调雨顺》《点兵》《扯不断》《小得胜》《节节胜》《仓几》《砍马蹄》《鸡上架》《大得胜》《四面风》《大战场》《步步紧》《巧三手》等。这些鼓点是敲鼓艺人在不断的演出中，自编书目创立起来的。这些鼓乐曲谱也说明牛屯大

图五　菏泽国际牡丹文化旅游节非遗展演之雷霆大鼓

鼓已经具有很高的艺术水平，可以满足村民们庆典、求雨、祭祀、迎亲等各方面的演奏需要。牛屯鼓乐大体分为四大班社：牛宗冉班（1779年起）、牛经班（1840年起）、牛兴占班（1840年起）和牛启贤班（1846年起）。

定陶县牛屯鼓乐具有广泛的群众性、组编队伍的灵活性、传承家族性、雅俗共赏性、吹打乐的领头性、曲目的丰富性、鼓点运作的独特性等特点，对于促进当地文化产业发展、丰富群众文化生活都有重要意义。

牛屯鼓乐发展到今天，展现出丰富的历史价值和艺术价值。牛屯鼓乐是我省古代鼓乐的延续与发展。就鼓乐而言，经数代人逐渐改造、配器而日趋完善，雷霆大鼓已成为民间鼓乐中不可缺少的令鼓；就曲目而言，经多代人演奏逐渐完善，可以称得上民间音乐中的不朽之作。

牛屯大鼓鼓点发展十分成熟，表现力强，节奏鲜明，承传有序，念法有个性，与一般鼓点不同，又融入了戏曲艺术，气势雄壮，有感情，有高潮，结构完整，一气呵成。经多代民间艺术家的口授心传，牛屯鼓乐的演奏技法更具科学性，更加规范化，达到了很高的水平。

牛屯鼓乐演出队伍多次参加市、县举办的各类农民文艺表演，常年奔波在鲁西南的乡村之间，促进了民间文化的交流合作，有较强的民俗研究价值。牛屯鼓乐作为一种普及面广的民间艺术，其地方品牌价值、民俗旅游价值、乡土文化价值等有待开发。它已由民间族群祭祀的用场扩展到节日联欢、喜庆典礼、农俗庆典等风俗中,对于丰富广大人民群众的文化生活,满足人民群众的文化需求有着重要的作用。

加强对牛屯鼓乐的保护,有利于研究鲁西南传统民间音乐对我国传统音乐的影响,有利于民间喜庆典礼、族群祭祀和民风民俗的研究和利用,有利于进一步发掘当地文化旅游资源,更有利于丰富人民群众的文化生活。

古琴艺术（山东省艺术研究所）

> 2013年，山东省艺术研究所（现改为山东省艺术研究院）的"古琴艺术"被山东省人民政府列入第三批省级非物质文化遗产名录。

古琴是中华民族传统乐器的典范，与我国几千年的历史、政治、文化有着千丝万缕的联系，是我国优秀传统文化的结晶。山东古琴文化源远流长，绵延三千年而不绝。诸城派古琴是中国近代以来著名的古琴流派之一，是齐鲁琴文化的重要组成部分，具有兼收并蓄、勇于创新的艺术特点，其影响力正在不断向全国乃至海外扩展。

早在清嘉庆年间，历城就发现了济南琴家毛式郁于1799年编撰的手稿《龙吟馆琴谱》，此琴谱与光绪二十九年（1903年）诸城派宗师王心葵辑订的《玉鹤轩琴谱》，被当今学术界公认为诸城派之祖谱。

诸城派宗师王心葵于1910年在大明湖畔发起组建德音琴社，被视为诸城派成熟的标志。这是20世纪我国最早的琴社，也是传播诸城派古琴的重要阵地。该派的另一名师王燕卿一度在济南以教琴医病为生。该派重要的传人詹澂秋、詹瀞秋、张育瑾、李华萱等都在济南致力于琴派的传播，且传人众多。1919年，王心葵受北京大学校长蔡元培延请于校任教，又收弟子36人，自此，这一琴派逐渐流向全国。

诸城派古琴有虞山派和金陵派两个传授系统，是在二者的基础上融合演变而来的。早期传承人以各自继承己派艺术特色为主,分别保留了虞山派的清微淡远和金陵派的绮丽缠绵的特征。传至王心源时,两派开始呈现融合的趋势,风格倾向于古齐鲁派宏、雄、健、溜、奇、古、逸的文人音乐特点;并开创了内在含蓄、刚劲有力的风格。传至王心葵与王燕卿时,他们大量吸收了山东当地的音乐成分,经人民生活、语言、习俗之熏陶,受当地说唱、戏曲之影响,对演奏进行了诸多革新,久而久之,他们两位逐渐形成了两种演奏风格。所以说诸城琴派是一个广义的概念,

图一　诸城派宗师王心葵

它既包括以王心葵为代表的传统风格的一支,又包括以王燕卿为代表的创新风格,后称"梅庵派"的一支。诸城琴派的风格是两者的总和。前者立足于浓郁的山东风格,追求儒雅,不苟低俗,崇尚古朴典雅、大音希声的审美境界;后者贴近民众,大胆革新,将民间音乐、民间小调、说唱音乐等改编为琴曲演奏。但诸城派特有的音韵宽厚、粗犷豪放、苍劲细腻、刚柔相济、讲求气势和神韵的艺术风格,却是两者的共同之处。

诸城派风格既有明清以来的"轻微淡远"的传统风格,又独具反传统、开创性的贴近民众、乡土气息浓郁的风格。它的形成是对虞山派和金陵派的继承、融合、发展和超越,在中国琴史上具有独特的不可替代的地位。

自古以来文人雅士喜爱弹琴,以修身养性,琴自然是他们爱不释手的乐器。古琴名目繁多,具有极高的收藏价值。传世古琴有九霄环

图二　《桐荫山馆琴谱》

图三　德音古琴展

佩、太古遗音、宝袭等唐琴；鸣玉、玉涧鸣泉、云鹤等宋琴；南风、赤诚朱致远琴等元琴；宗琴、灵凤振响、砚雪琴等明琴；丹凤、百衲等清琴；玲珑、落霞式等民国琴。更有许多传世琴谱，像《玉鹤轩琴谱》《龙吟馆琴谱》《桐荫山馆琴谱》《琴谱正律》《梅庵琴谱》等，都是琴师呕心沥血之作。

诸城派古琴具有广泛的群众性，分布在济南及周边多个地市，古琴演奏者常年在各地开展活动。古琴艺术得以延续，主要依赖于家族的传承。山东人性格直爽，语言声调铿锵；山东民间音乐抑扬顿挫、热情奔放、酣畅淋漓，一泻无余。因此诸城琴曲所表现的乐曲感情是大喜大悲，大起大落，质朴感人。其演奏无不浓郁酣畅，沁人肺腑，表达喜怒哀乐感情鲜明，毫不含混模糊。

近代诸城琴派的演奏风格虽然不一，但均不刻意追求清丽淡雅、纤巧秀美的风格，而以浑厚淳朴见长。诸城派古琴具有独特的演奏指法，肉指按弦取得浑厚温润的音色，回锋手法、变化的滑音、拨撮的运用都匠心独运。诸城派古琴的琴曲布局规整，从头至尾多是严谨的节拍。由于它们通常是一个情绪贯穿到底，所以基本保持各自的节奏型而多次重复，或随着音乐内容的展开而伴以指法的变化，间以些许节奏变化，全面展示了完整的音乐构思、富有特性的音调和鲜明的音乐形象，听来不仅不会感觉单调乏味，反而觉得精练简洁，通俗易懂。曲目也十分丰富，而且有从民歌小调移植来的表现普通人的新曲。

诸城派古琴从内容上可分为写情、写景两大类。写情的乐曲，多取材于人们熟悉的历史故事，这类乐曲情绪悲愤、哀怨、伤感，速度缓慢；写景的乐曲，多是描写祖国山河的壮丽及大自然的多彩多姿，曲调明朗，悦耳动听。如《流水》《平沙落雁》这类乐曲，曲调优雅、豪放、跌宕；《秋风词》《凤求凰》这类乐曲则柔情似水，细腻缠绵，善于表现人物的内心世界。诸城琴曲中有相当一部分带有深沉、悲怆的基调，这一特点在所有的山东民间音乐中普遍存在，虽然诸城派部分琴曲经过历代琴人的加工修改，但其凄婉哀楚的基调未消。如《长门怨》《春闺怨》《搔首问天》这类乐曲悲愤哀怨，曲调深沉、激昂，极善于表现人物的忧伤之情。

诸城派古琴历史悠久，融合了民间音乐而自成一派，具有重要的价值。诸城派古琴是中国古琴艺术的著名流派之一，至今已有200多年的历史，经历数代琴人的传承与发展，形成了一个具有山东民间风格的古琴流派。诸城派古琴

图四　古琴传承人王笑天先生在演奏古琴

图五　王笑天先生辅导小学员

特色鲜明,融入山东民间音乐特色,乡土气息浓郁。其传承有序,拥有系统的师承,有一批影响较大、成就较高的优秀演奏家,拥有不同于其他流派的旋律装饰和润色手段,具有代表本派特色的演奏技法。由于演奏家不同的师承、修养和气质,在演奏上又各具特色,使得诸城琴派更为绚丽多姿。诸城派古琴还具有极高的学术价值。从古至今,学习诸城派古琴的人从未间断过;如今,国内、国际的许多学术活动中都有诸城派古琴的身影。这些学习传播活动,促进了民间文化的交流合作。此外,诸城派古琴具有一定的实用价值。它作为一种面向民间的艺术,具有地方品牌价值、乡土文化价值、民俗旅游价值等。古琴是中国高雅文化的象征,对促进民间文化交流,振兴中国古典音乐,推进精神文明建设有着独特的作用。

传承发扬古琴艺术,对促进民间文化交流,振兴中国古典音乐有着重要的意义。传承千年的古琴艺术在代代传承中余音绕梁,听者醉于其中,弹者超然物外,丰富多彩的古琴艺术在不断挖掘中愈发散发出生命力。如今,社会各界的力量汇聚在一起,为传承发展古琴艺术做出不同的努力。大小古琴知识讲座和培训让更多的人了解并学习了古琴艺术的历史渊源和演奏方式;

更多的学者投入到古琴艺术的研究中，中小学校的师生也加入到学习的行列。不同的传承与保护方式，使得古琴艺术在当今有了新的创新与发展。古琴艺术在清淡恬雅的乐曲、轻重迟速的演奏、虚实映照的意境中融入人们的生活，在厚重深沃的土地上生生不息。

古琴艺术（济南）

> 2013年，济南市的"古琴艺术"被山东省人民政府列入第三批省级非物质文化遗产名录。

济南古琴主要流传在济南市及周边城市。泉城济南是山东省会所在地，交通便利，文化发达，是著名的历史文化名城。济南古琴就是在这种得天独厚的地理环境与文化环境中传承和发展起来的。

古琴原名琴或七弦琴，相传为神农氏所创制。作为中国最古老的拨弦乐器之一，古琴历经数千年演变传承至今。古琴艺术目前已发展出了诸多琴派，其中山东地区以诸城派古琴著称，这也是我国北方地区最重要的一个古琴流派。济南古琴是诸城派古琴的分支。

19世纪初期，诸城派古琴开始在诸城王氏家族内部传承，有王既甫和王冷泉两个不同师承关系的传承系列。王既甫师承虞山派，崇尚清微淡远的

图一　诸城派宗师王心葵所用古琴

风格；王冷泉师承金陵派，崇尚绮丽缠绵的风格。王既甫的儿子王心源，在虞山派基础上学习了金陵派的一些曲目，初步奠定了诸城派古琴的基本特征。王心源的学生王心葵进一步综合了两派的琴艺，确立了诸城派古琴的核心地位。1909年王心葵来到济南，组织"音乐传习会"，传授古琴，开诸城派古琴在济南传承之先河。

图二　济南古琴演奏家詹澂秋抚琴图

王心葵在济南大明湖畔成立德音琴社，传授了以詹澂秋为首的一批学生。詹澂秋是20世纪中叶泉城济南家喻户晓的古琴家，他收藏的唐琴"太古遗音"现藏于中央音乐学院，属国宝级文物。詹澂秋全面继承和发展了王心葵的琴艺，在王心葵赴北京大学任教后，他承担起诸城派古琴在济南传承的重任。据《桐荫山馆琴谱》传承表所载，詹澂秋共传授学生26人，把济南古琴推向了一个新的高峰。

图三　中国古琴诸城派名家音乐会

改革开放以后，济南古琴取得了前所未有的新发展。当代传人朱子易（朱云程）于2004年9月成立泉韵琴社，至今已传授学生200多人，其中有博士、硕士30余人，他们大多从事相关专业的教学和研究工作。当代传人与时俱进，在古琴演奏和教学上有所创新，对促进古琴教学的系统化和规范化发挥了积极的作用。

在齐鲁大地人文气质的深刻影响下，诸城派古琴逐步形成了古朴典雅、刚柔相济的风格特点。在100多年的传承

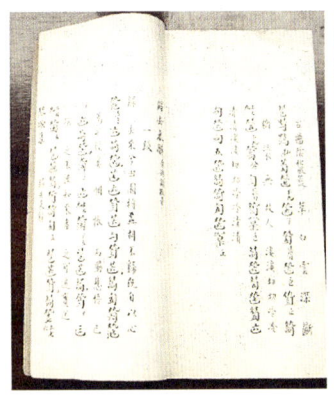
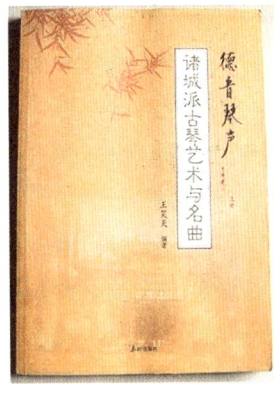

图四　诸城派古琴与济南古琴曲集

发展中，济南古琴进一步丰富了这一特点，形成了清淡儒雅、刚中带柔的新风格。现在，济南古琴又融入了一些现代气息，更适于普及和舞台表演。

诸城派古琴和济南古琴老一辈琴家大多具有很高的文化修养，留下了大量的琴谱资料，如王心葵的《玉鹤轩琴谱》、詹澂秋的《梅云馆琴谱》、朱子易的《古琴教程》，以及诸城派古琴的祖谱《龙吟馆琴谱》等。这些琴谱资料都

图五　济南古琴艺术传承

是宝贵的文化遗产，具有很高的文化价值和艺术价值。

　　古琴艺术承载了数千年的中华优秀传统文化的积淀，体现着人们对理想生活的追求；丝弦弹拨之间蕴涵着人们的情趣品味，展现了高雅恬淡的艺术情怀，饱含了修身养性的人文精神。济南古琴作为诸城派古琴中的一脉，扎根于齐鲁大地，汲取济南汩汩泉流中深厚的文化底蕴，于古老城市的泉畔柳边历久弥新，向人们诉说着属于自己的动人故事。加强对济南古琴的保护，对继承和发扬传统文化，提高人们的文化素养，具有重要的意义。

长勺鼓乐

> 2013年,莱芜市的"长勺鼓乐"被山东省人民政府列入第三批省级非物质文化遗产名录。

长勺鼓乐以春秋时期的著名战役"长勺之战"为历史起源,由军用战鼓逐渐演变为民间鼓乐,用于自娱自乐、祭祀、庙会、庆典、社火等场合。

长勺鼓乐的分布以莱芜官厂村为中心,辐射到周边临沂、淄博、泰安、济南等地。官厂村建村于明洪武二年(1369年),地处牟汶河和孝义河之间,土地肥沃,地形如船,故有"船形福地"之称。春秋时期,这里是鲁军操练屯兵、储粮、放马之场地,后来成为历朝历代的养兵重地,故称"官场",官厂村之名即取其谐音而来。长勺战鼓的制造工艺和鼓谱曲调在这里流传至今,逐渐成为莱芜地区民间鼓乐的代表。

据史料记载,大约在新石器时代,部落里流行巫觋以舞降神的原始仪式,为了满足这种仪式伴奏的需要,人们由击石而创造了石鼓。进入陶器时代后,人们能用陶土烧制成土鼓,并用黄草编织成软鼓槌击打。之后土鼓、苇笛等乐器和歌舞结合为古代的"乐",是歌、舞、乐三者融于一体的乐舞雏形。周代时土鼓已用于国家的各种祭祀与礼仪,在祈求丰年和祭蜡中都用鼓、舞取悦神灵。

鼓在古代行军打仗时,起到号令全军、鼓舞士气、指挥作战、告捷凯旋的重要作用。历史上在战争中巧妙利用鼓声，并取得胜利的经典战例是公元前684年春的"长勺之战"。当时齐国名将鲍叔牙率兵伐鲁，鲁庄公举国抗敌，战于长勺（今莱芜北）。由于齐强鲁弱，曹

图一　长勺战鼓在新春贺年会上表演

刿献策于鲁公，以守为攻，削敌士气，后发制人。齐军一再进攻，均未奏效，反而累得精疲力尽，士气大衰；而鲁军此时阵势稳固，斗志高昂，一鼓作气击溃齐军。"长勺之战"的战鼓声流传百世，激励着一代又一代的华夏儿女。

长勺战鼓的乐谱、曲牌、调头、节拍等，都是围绕着宫、商、角、徵、羽五音而创编。长勺鼓乐既有工尺常规，又有宫商附和，还有独特的乐白和演奏手法。除曲牌调头外，长勺鼓乐还有独特的鼓阵、旗阵表演。

长勺战鼓讲究巧妙的击打要领：松膀活腕，动肘摆胯；含胸拔背，手走眼随；步移星斗，阵动形变；捶法有序，轻重缓急；击技讲究，背负翻滚；脚踏五行，双目有神。击

图二　长勺女子鼓乐队表演

鼓时讲究腹腔共鸣，敲击铜响器则讲究胸腔共鸣。要凝神静气，全神贯注，突出精气神。挥舞战旗时，不同阵形有不同要领，基础是左手旗、右手旗，上把直、下把曲，抬腿、撂脚、行云步，提气呐喊勇向前。演出形式多样，有一字长蛇阵、二队相逢阵、三星高照阵、四季平安阵、五谷（鼓）丰登阵、六出奇兵阵、七巧变幻阵、八面来风阵、九九归一阵、十面埋伏阵等，十分壮观。

图三　"亚洲第一鼓"落户莱芜官厂村

　　长勺鼓乐表演的器具主要是沿袭祖传工艺制作的直径2米、1.5米、1米、0.8米、0.6米、0.5米、0.4米等各种规格的大鼓几十面；鼓车、鼓架；铜响器包括铙、钹、镲、锣、铃、钵、号等几十套；还有"亚洲第一鼓"——直径达3.45米的大鼓一面，中华之最——直径1.5米的开道锣两面，以及各种表演服装数百套，包括古装、现代装、舞台装等。长勺鼓乐的代表性曲目有历代传承的传统曲目，如《三更鼓》《步步高》《马嘶鸣》等；也有现代的流行曲目，如《高山流水》《龙凤呈祥》《庆丰收》等；此外还有创编曲目《月光湖色》《雨打芭蕉》《喜迎亲》，以及舞台锣鼓、音乐锣鼓《曹刿论战》《老鼠娶亲》《华夏鼓韵》等。

　　长勺鼓乐表演时，节奏明快，跌宕起伏，轻则似行云流水，重则如雷霆万钧；静则如玉兔守月，动则如万马奔腾。表演者或单打独奏，或三五嬉戏，或台上唱打合一，或队阵众人齐奏。既能以广场形式表演，又能以舞台形式演奏,达到传统文化和现代艺术的有机结合,是一场视听盛宴。闻其声,令人热血沸腾,十分震撼;观其形,使人跃跃欲试,十分壮观;艺术上,富有时代感,使人产生强烈的共鸣。长勺鼓乐表演阵形变化多端,旗帜挥舞有序;配器合理,声部交叉呼应,张弛有度,轻重分明;气势宏大,振奋人心,能鼓舞斗志,是勇往直前、一鼓作气精神的真实写照。长勺鼓乐富有感召力、影响力、凝聚力,祖祖辈辈激励着,感染着,鼓舞着当地人奋勇前行,同样也影响着济南、泰安等周边地区人们的生活起居和精神面貌。

长勺鼓乐具有重要的价值。它已经成为流传于莱芜地区的民间鼓乐艺术精粹,得到了莱芜地区群众的喜爱,成为莱芜人表达丰收的喜悦和对新生活的向往的重要形式。长勺鼓乐已成为当地的特色文化品牌之一,是当地人的精神写照。长勺鼓乐千百年来给我们的启迪是"遇强不弱,少不惧多,一鼓作气,永不言败",老百姓只要一听见锣鼓声,顿时就来了精神,有了力量,克服一切

图四 长勺鼓乐大赛场景

图五　长勺鼓乐《盛世中华》在十一届全运会开幕式上进行了精彩演出，图为全体队员在济南奥体中心合影

困难勇往直前。长勺鼓乐增强了村民的凝聚力，不断地激励着他们开拓进取，与时俱进，在新的时代做出新的贡献。

长勺鼓乐具有自身独特的传承方式，主要以民间锣鼓经形式言传身教，一代传一代；还以简谱形式，将传统锣鼓经改为鼓谱，学理论，徒手练，记鼓谱，学手法，反复综合练习。长勺鼓乐需要分声部配器，分类别演练，待娴熟后各持乐器立体混声演奏。它往往以广场集会或舞台表演形式演练，还可根据时间、场合、技术要求和艺术要求集中演练。

官厂村非常重视对长勺鼓乐的传承和发扬。1929年，村中士绅董传一、董天、尚怀圣等人建立学堂，将长勺鼓乐的教授加入到平常的教学当中，在当时的官厂村兴起学鼓热潮。自此，官厂村的鼓乐传承进入一个新的时期。为继承优秀传统文化，发扬中华民族千百年来一鼓作气的精神，2006年，长勺鼓乐第十三世传人张珂带领长勺鼓乐队走出国门，将长勺鼓乐文化传播到全世界。2008年，长勺鼓乐在中国首届鼓乐大赛中荣获银奖。2009年，长勺鼓乐在莱芜元宵节灯会民间艺术表演中获一等奖。2009年，长勺鼓乐《盛世中华》参加了第十一届全运会开幕式和中国航空节开幕式。随后几年,长勺鼓乐又多次参加省市各类大型文化庆典活动,并取得了优异成绩。近年来,当地更是加大对长勺鼓乐传承人及传承群体的保护、培训力度,使这一优秀的民间艺术可以一代一代地传承下去。

古琴艺术（德州）

2013年，德州市的"古琴艺术"被山东省人民政府列入第三批省级非物质文化遗产名录。

德州，古称安德，位于山东省西北部，是山东省的西北大门，地理位置优越，文化底蕴深厚。诸城派古琴艺术在这里广为流传。

古琴是中国最古老的弹拨乐器，是中华民族的艺术瑰宝。早在《诗经》中就有了"琴瑟友之，钟鼓乐之""我有嘉宾，鼓瑟鼓琴"的记载。历史上广为流传的俞伯牙与钟子期结为知音的故事、卓文君与司马相如相爱的故事、诸葛亮空城计退敌兵的故事，都与古琴密切相关。

古琴的形制具有非常突出的民族特点，它与一般的乐器大不相同：一般乐器的共鸣箱只占乐器的一部分，而古琴则占了整个琴体；一般乐器指板只占乐器本身的局部，而古琴则占了整个琴面的有

图一　古琴

弦部分；一般乐器的弦是内低外高，而古琴的弦则是内高外低；一般乐器（如琵琶）共鸣腔是面平背穹，而古琴的共鸣腔则是面穹底平。如此与众不同的形制结构，铸就了它独特的音韵特点——古朴、典雅、余韵悠长。

古琴艺术是音韵兼备、风格独特的艺术形式，既依附于文化空间，又有较高的审美理想，能充分展现文人的情怀和精神追求。古琴音乐的内容丰富多彩，或以写实的手法反映历史上的重大题材，或以抒情的曲调展现人们的精神世界。古琴音乐之丰富已经渗透到人们生活的各个方面，反映出人们喜怒哀乐的思想感情。

古琴在演奏技艺和表演形式方面别具一格，有一整套独特而系统的指法和演奏技巧。运用不同的演奏技法，可以表达不同的思想感情和艺术境界。演奏形式以独奏或琴箫合奏为主，以弹唱为特色，同时也可以与其他民族乐器合奏。其审美以"清微淡远""中正平和"为最高标准。

古琴的音色独特而多样，或浑厚雄健，或清脆活泼，或丰富细腻，具有浓厚的审美价值。它音域之宽、音品之纯、音质之雅、音色之丰富让无数人为之着迷。

图二　中国古琴名家音乐会

图三 古琴艺术的传承

较有代表性的古琴艺术是兴起于19世纪中叶的诸城派古琴，如今主要分布于山东诸城、济南、青岛、德州、济宁、聊城及江苏省部分地区。诸城派古琴艺术传承人通过琴谱和口传指授使这一门艺术传承至今，代表性曲目有《关山月》《长门怨》《平沙落雁》《捣衣》《搔首问天》等。诸城派古琴还有自己独特的"以三弦为宫、以律吕命调"的立调体系，以及粗犷、豪放、坚毅、淳厚、朴实、典雅、刚柔相济的独特演奏风格。

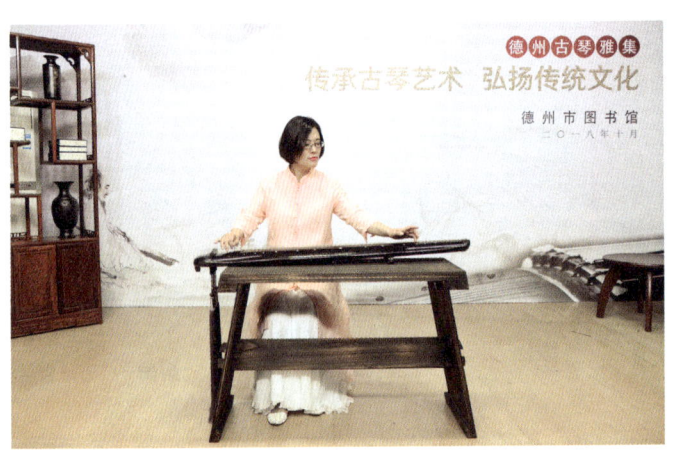

图四 "德州古琴雅集"中的古琴表演

德州是诸城派古琴艺术的主要流传地之一。德州古琴与诸城、济南等地的古琴艺术相互交流学习，相互补充配合，共同提升和完善着这份宝贵的非物质文化遗产。目前，古琴艺术在德州地区日益普及，受到越来越多当地人的喜爱。2018年10月27日，以"传承古琴艺术，弘扬传统文化"为主题的"德州古琴雅集"在市图书馆举办，通过古琴文化讲座、古琴琴曲演奏等方式向群众普及古琴艺术，引起了强烈的社会反响。在社会各界的共同努力下，德州古琴艺术焕发出新的生命力。

金氏古筝

> 2013年,临清市的"金氏古筝"被山东省人民政府列入省级非物质文化遗产扩展项目名录。

金氏古筝发源于今山东省西部的临清市。临清地势平坦,古时运河一度由东南向西北,从中部穿过这里,至城区汇入卫运河。得天独厚的地理位置,为临清经济、文化的发展提供了良好的基础。临清文化名人辈出,如唐代音乐家吕才、明代著名诗人谢榛、现代学界泰斗季羡林和著名画家张彦青等。这里的非物质文化遗产目前累计已有十数项,文化底蕴深厚。

要了解金氏古筝的历史沿革,就要将目光聚焦到临清市金郝庄镇悠久的古筝演奏传统。据艺人年谱追溯,古筝演奏在这里至少有200年的历史。1882年出生在一个音乐世家的筝家金灼南,就是金氏古筝演奏的杰出代表。金灼南,又名葵生,号秋圃居士。受家庭环境熏陶,他自幼习字学筝。渐渐地,他的筝技日臻娴

图一　古筝

熟，筝学理论亦渐通达。青年时期，他走遍大江南北，寻师访友，切磋筝艺，集众家之长于一身，终成一家，世称"金派"。1912年，他将传统筝曲《双板》《三环套日》《流水激石》编创成一曲，取名《渔舟唱晚》，成为一首广为流传的筝曲。1957年，他受聘为山东省文史研究馆馆员。同年，

图二　金灼南先生演奏

他与李华萱、刘玉轩、张育瑾等人筹建了琴学研究会，挖掘、整理民族传统音乐，并教授学员。1958年，金灼南曾去南京艺术学院任教。1959年返回山东，在山东省艺术专科学校（今山东艺术学院）教授古筝。晚年，金灼南不顾年老体弱，仍常为群众演出。他为金氏古筝的传承做出了杰出的贡献。

金氏古筝沐浴着人杰地灵的临清的风烟，成长在金灼南等一代代演奏

图三　金氏古筝传习班学习照

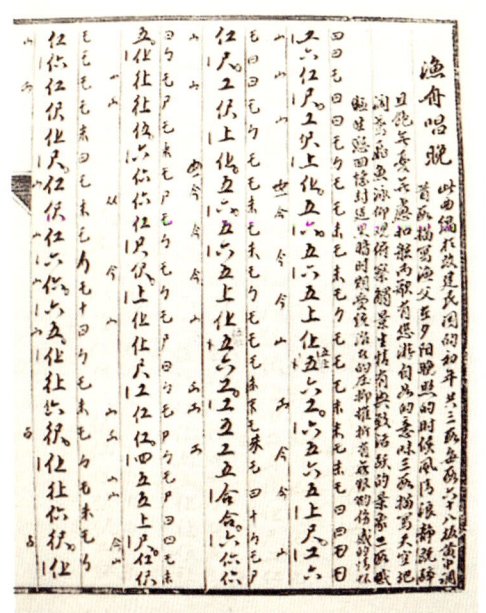

图四 《渔舟唱晚》工尺谱

家的指间。"古朴典雅,声纯韵正"的金氏古筝,不仅仅见于其运指方面"肉甲并用","重而不躁,轻而不浮,急而不促,徐而不弛,疏而有味,断而似连,刚柔相济,清浊协调"的精湛技法,更见于其独创的筝谱《凿山引水灌桃园》及筝论《筝谱集成序》等。其代表曲目有《开手齐板》《流水激石》《禹王治水》《平沙落雁》《三箭定江山》《幽思吟》《穿花蜂》《双板》《三环套日》《渔舟唱晚》等。

为了使金氏古筝保持其固有的卓绝风姿,让仰慕筝乐古朴典雅之美的后来者能够有机会接近、学习、传承古筝艺术,金氏古筝的传承人带着他们的精湛技艺,走上了群众舞台,走进了摄像镜头。

为保护和传承金氏古筝而成立的临清金氏古筝研究学会,不仅为广大古筝爱好者提供了交流、学习的平台,也为培养掌握新时代知识的新生代传承人提供了土壤。通过举办相关公益讲座、出版刊印如《论筝学知识》《古筝教材》《筝学探源》等教材、公开授课等方式,积极扩大金氏古筝的影响。

图五 艺术家演奏古筝名曲《渔舟唱晚》

其中研究学会于2010年起开设的金氏古筝传习班,就为这门宝贵技艺的传承做出了突出的贡献。

目前,对金灼南先生家藏的《筝谱集成》的整理研究工作正在有序进行。《筝谱集成》是中国少见的清代民间工尺谱抄本,共收集筝曲29首。在这29首中,1912年金灼南先生根据临清民间传谱编创的曲目《渔舟唱晚》格外引人注目。另外,对金氏古筝所藏曲目的研习工作也在进行中。金氏古筝在现代社会的传承与创新,还在筝客托、勾、抹、打的演奏中,在社会各界共同的努力下继续着。

峄县唢呐

2016年，枣庄市峄城区的"峄县唢呐"被山东省人民政府列入省级非物质文化遗产代表性项目名录扩展项目名录。

图一　唢呐传承人家传唢呐

唢呐，也叫喇叭，是鲁南民间流行的鼓吹乐。峄县唢呐起源已久，在明朝洪武年间随移民传入山东峄县（今枣庄峄城）一带。清朝时期，峄县唢呐就已很兴盛，一直传承至今。

峄城位于山东省南部，地处鲁中南山地丘陵与淮北平原的衔接带上，地貌丰富，四季分明，雨热同季。这里水陆空交通便利，有"黄金水道"之称的京杭大运河在南部穿过，交通航运网络四通八达。

峄城驻地是千年古城，历史悠久，文化灿烂，历史上曾孕育了许多杰出人物，也涌现出一批批技艺高超的民间艺人。峄城自古就是南北交通要道，商贾云集之地，南北文化的交汇融合，构成了民俗文化生长和传承的特殊环境，使峄城成为唢呐艺术发达地区之一。

峄县唢呐是鲁南唢呐的重要组成部分，在以老峄县为中心的鲁、苏、豫、皖地区影响十分深远。唢呐演出主要是以乐

图二　唢呐演出所需乐器

队的形式进行，演奏队伍一般为六七人，通常被称为唢呐班。这六七人各有分工，演奏笙、唢呐、笛子、二胡、琵琶、铜板、云锣等不同的乐器。峄县唢呐也可以进行独奏，演奏艺人称为喇叭匠子。

峄县唢呐由哨片、芯子、气盘、杆和铜碗等部分组成。其中哨片采用仙人桥河边、南关大桥边长出来的苇子制作，这种材质做出的哨片具有音质响亮清脆的特点。

峄县唢呐的特点是音质明亮、粗犷，音色纯净而优美，声音浑厚而响亮，吹奏起来气势磅礴，善于表现热烈奔放的场面及大喜大悲的情绪，符合鲁南人崇侠尚义、粗犷豪放的性格特点。艺人在演奏时，非常讲究用口和气息变化，通过巧妙的换气技巧，顺利完成演奏时节奏快慢的衔接和变化。

峄县唢呐在民间非常盛行，唢呐表演内容喜庆、动作活泼、老少皆宜，深受群众喜爱。老百姓的红白喜事、生孩子"送祝门"、过年过节及庆典活动都要吹唢呐。峄县唢呐的传统曲目有《科举成亲》《婆媳花鼓》《白鸟朝凤》《打蛮船》《锯大缸》等；主要曲谱有《迎宾曲》《盛世欢歌》等。

峄县唢呐根据材质的不同，分为铜杆和锡杆两种；根据演奏风格的不同，分为北路、东路、南路，也称"尖、憨、平"三派。峄县唢呐班主要有峄城苏家班、刘家班，棠阴田家班，峨山刘家班，底阁侯庄魏家班、王家班，底阁吴山杨家班等。其中田家唢呐班以单人咔戏演出为主。咔戏是唢呐

图三 《百鸟朝凤》乐谱

表演艺术的分支，一个人可以演奏出多个角色。而刘家唢呐班历史上是峄县县衙官喇叭班，专门用于接官迎诏，擅长演奏铜杆锡笛，能完成金属管、木管、竹节管等不同唢呐的演奏曲，在峄城一带产生了较大影响。

图四　峄县唢呐传承人颜成军传授技艺

颜氏家族是峄县唢呐的主要传承群体，至今已传承九代。颜家唢呐自清朝光绪年间传入峄县。因为时局动乱，颜府败落，颜家老太带着子女来到峄县石门庄，随后辗转，最后定居于现在的峄城区夏庄村。当时虽是战乱年代，但颜家唢呐的传承并未中断，并且吸纳了周边地区的同行共七人，进一步加强了峄县唢呐同周边地区的交流，提高了社会影响力。颜氏家族唢呐技艺包括铜杆唢呐、戏吹戏打、锣鼓武场等；演奏讲究对喜怒哀乐等情绪的表现；演奏技巧讲究"闷、吞、揉、牙、粘、挫、磨、尖、憨、平、塌"等。

目前颜家唢呐的传承人已经走出山东，走向全国乃至国外，极大地提高了峄县唢呐的影响力。峄县唢呐传承人颜成军作曲的《欢庆锣鼓》获2004年枣庄市唢呐大赛金奖，并成为中国第二届非物质文化遗产博览会开幕式演出作品。他的大女儿颜景华6岁时开始学习唢呐；10岁时代表山东省枣庄市少男

图五　颜成军在吹奏唢呐

少女访问团受邀赴日本进行唢呐演奏；13岁参加山东省"薛国杯金唢呐大奖赛"获得三等奖；2004年参加枣庄市"新星杯"唢呐大赛获得金奖。她曾多次受邀前往日本、法国、加拿大、摩纳哥、马来西亚等国家进行唢呐演奏艺术的交流。2008年，她受中央电视台《星光大道》栏目组的邀请，先后多次参加了节目的录制，精彩的唢呐演奏和民歌演唱给全国的观众留下了深刻的印象，被评为2008年度中央电视台《星光大道》栏目最佳优秀参赛选手。她还多次参加全国各地的大型文艺演出活动，深受观众的喜爱和好评。

峄县唢呐技巧丰富，表现力较强，极大地丰富了人们的精神文化生活。现在，当地只要有重要活动，都离不了唢呐演奏；在鲁南地区，逢年过节及各类庆典、仪式，唢呐也是不可缺少的元素。峄县唢呐曲目丰富，风格独特，音质优美，风味古朴，对民间一些吹奏乐器的表演和曲目创作具有重要的启发作用。在婚丧嫁娶等不同的场合，唢呐可以渲染出或喜或悲的氛围。传承百年的唢呐具有很高的历史文化价值和艺术审美价值。峄县唢呐保存了众多具有代表性的传统曲目，丰富了我国传统文艺的曲目库。

通过挖掘整理历史文献资料、数字化记录及培训传承人群等手段，可以让这门古老的艺术在现代社会得到更好的发展与传承。如今，峄县唢呐不断与现代音乐融合、接轨，使其中所蕴含的优秀传统文化逐渐融入现代生活当中，在代代相传中走向美好的未来。

小铜唢呐

> 2016年,济宁市任城区的"小铜唢呐"被山东省人民政府列入省级非物质文化遗产代表性项目名录扩展项目名录

唢呐是一种在我国各地广泛流传的民间乐器,根据不同的分类标准可以分为不同的种类。其中,诞生于济宁市任城区的小铜唢呐是在传统唢呐的基础上发展演变而来的,广泛流行于鲁西南地区。

济宁位于鲁西南腹地,四季分明,土地肥沃,京杭大运河贯穿南北。济宁是运河民俗最集中的地方,自古繁华热闹。这里春天有城隍爷出巡,夏天汛期有迎送小龙王;每年春节,龙灯、旱船、高跷、秧歌、狮子舞等民间艺术表演队伍走街串巷,络绎不绝,还有渔鼓、相声、快书、戏法、气功等各种表演。小铜唢呐也是当地重要的民俗活动和表演艺术之一。

小铜唢呐(俗称小铜喇叭)最早是用锡制作,和管子相似。古人将管子加上唢呐碗子,再加上芯子和小哨片,就制成了形式较为成熟的唢呐。清朝以后,人们开始用铜片制作唢呐,故称小铜唢呐。

小铜唢呐演奏出的声音清脆、明亮。其演奏需用舌、齿、唇、气吹动哨片,使管体产生有规律的震动,发出乐音。其演奏技巧也极为特殊,比如晃铃铛、揣舌头、踏气等技巧,都是别的唢呐无法完成的。一般小铜唢呐演奏时,有笙、竹笛、二胡、板胡、中胡、三弦、柳琴、打击乐、铜鼓、小镲、云锣等

图一　唢呐艺人刘保斌在演奏

伴奏；在演奏戏曲时，还可以加上锣鼓梆子。

在古代，小铜唢呐主要用于婚丧嫁娶、串街、坐棚表演等，演奏时多即兴发挥，有着浓郁的乡土气息。特别是古代大户人家办丧事，场面很大，分为三道红场，有的请和尚念经，用笙、管、小铜唢呐、笛、箫演奏。乐曲有时用大乐（指一对大唢呐）、雅乐，行礼期间则只用小铜唢呐，别的乐器不用。至今，当地的婚丧嫁娶仍然离不开小铜唢呐。

小铜唢呐已有200多年的历史，主要分布在今任城、邹城、滕州、微山、峄城、薛城等地。清道光年间，刘保斌祖上从滕州太和庄把小铜唢呐传到枣庄薛城，传至李凤银、李宪明、李荣业、李振明、李典叶、刘金河，刘金河又传授其子刘保斌等。在代代传承中，他们苦心钻研，在继承的基础上不断发展，使小铜唢呐逐渐走向现代生活的舞台。小铜唢呐表现力很强，模仿什么像什么，因此远近闻名，省内外许多城市的演出活动、婚丧嫁娶等纷纷请唢呐乐队去演出。

小铜唢呐的主要代表人物刘金河出身六代唢呐世家。当年他曾组建了一支笙管笛箫乐队，闻名鲁西南。他们尤其擅长演奏雅乐，演奏的曲子声音清净、抒情、柔美，影响很大。刘家唢呐班经常在各种表演场合突发灵感，即兴发挥，将所见之景、所感之情变成音乐融进唢呐曲中。为了推广普及小铜唢呐，刘金河曾到南京艺校授课，又多次到江苏、安徽、河南等地演出推广，演奏曲目大多是祖上传下来的，如《集贤宾》《青河令》《拾眼井》《凡调五五》《平调五五》《大桃红》《小桃红》《柳青娘》《月番平》《一江风》《叫句子》《柳子曲牌》《百鸟朝凤》等。

唢呐常作为领奏乐器或与锣鼓结合演奏，适于表现热烈、欢腾的气氛和雄伟、壮阔的场面，尤其适于演奏豪放、泼辣的曲调，能够深刻而细腻地抒发曲目内在的思想感情，是一种表现力很强的乐器。这种古老的乐器历来受到人们的喜爱。明代后期，唢呐已在戏曲音乐中占有重要地位，用于伴奏唱腔，吹奏过场曲牌。而在以戏曲音乐为基础的民间器乐中，唢呐也成为不可缺少的乐器。如今，小铜唢呐历经数百年沧桑和几代人的传承发展，形成了一套成

图二　2010年在微山，刘保斌和弟子现场合奏《锯大缸》

图三　2011年任城电视台录制刘雯雯国际金奖专场音乐会

熟、完整的演奏方法，既可单独训练又可集体训练，更易于广大音乐爱好者学习和交流。

高亢嘹亮的小铜唢呐蕴含着历史的沧桑变化和人们的喜怒哀乐。在保护与传承的过程中，它逐渐走入大众视野中，它带给我们的不仅是音乐，更是一种艺术，一种文化。

软弓京胡

2016年,邹城市的"软弓京胡"被山东省人民政府列入第四批省级非物质文化遗产代表性项目名录。

邹城市位于山东省南部,东倚沂蒙山区,西临鲁西平原,南襟徐淮要冲,北枕泰岱南脉,地理位置优越。邹城是中国历史上著名的思想家、教育家孟子的诞生地,素有"礼仪邹鲁""邹鲁圣地"之美誉。作为国家历史文化名城、中国民间文化艺术之乡,邹城市各类民间艺术资源丰富,软弓京胡即是其中之一。

软弓京胡是在胡琴的基础上改制而成,因主要用于京剧伴奏而得名,至今已有200余年的历史。最早的京胡不仅琴杆短,琴筒小,而且是用软弓子(不张紧弓毛)拉弦。19世纪以后,随着京剧的逐渐成熟,京剧演员不断降低音高,讲究行腔圆润,

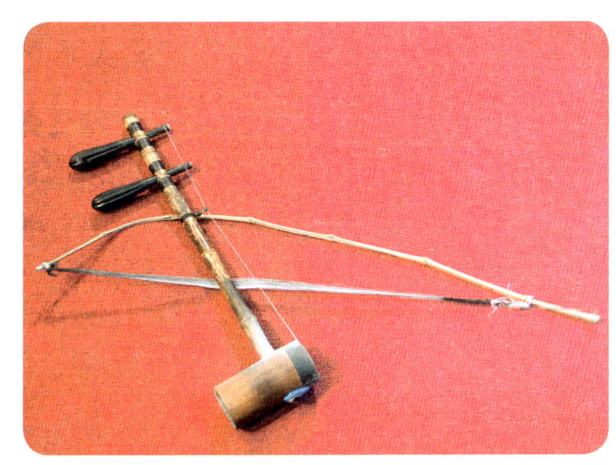

图一　软弓京胡

图二　软弓京胡演奏

京胡结构也随之变化，琴杆、琴筒不断加长，并且把软弓变成了硬弓。20世纪30年代，京剧空前兴盛，京胡的制作迎来繁荣时期，不但许多乐器行改为胡琴铺，就连京剧界的名琴师们也招聘工人制起京胡来。这时，软弓京胡的名声较之刚开始兴起时有所减弱。现在软弓京胡主要分布在邹城市，辐射整个山东省乃至苏北、豫东一带。

软弓京胡的构造与京胡相比并无太多的差异，只是弓子是软的。软弓京胡由琴杆、琴筒、弦轴、千斤钩、弦码、琴弦和软弓子等部件组成。琴杆通常有五节，多用紫竹、白竹或染竹制成。在琴杆上方第一节和第二节上各装有一个弦轴，下端的底节插入琴筒中，在琴筒一段杆身上，开有长方形前后对穿的风口，这就是琴筒的共鸣部分。琴筒也为竹制，长11.4厘米，后口直径4.3厘米，前口蒙蛇皮。后敞口弦轴为黄杨或黄檀木制。千斤钩是划定琴弦有效强长的固定点，用铜丝或铅丝制成。弦码分为桥空式和空心式两种，也是由竹材制成的。京胡的发音体是琴弦，分为外弦和里弦两部分，系在下轴的较细的弦为外弦，系在上轴的较粗的弦为里弦。为了

图三　软弓京胡老艺人向年轻人传授技艺

追求更高的音准,现在多把软弓京胡原先的丝弦换成了钢丝弦,这既使得琴弦发音更加清脆,又增加了琴弦的寿命。弓子则是用富有弹性的江苇竹制作的:将江苇竹的两端烘烤出弯来,细的一端在弓的尾部,系上一股马尾,声音就是马尾在两弦间摩擦琴弦而发出的。

因为弓子的不同,邹城软弓京胡具有了与京胡不同的特点,最为突出的一点是两者定弦不同。一般京胡均为五度定弦,而邹城软弓京胡为四度定弦,而且为金属制弦。这就使得软弓京胡的演奏者有了较大的自由:一般京胡演奏时,演奏者左手戴指帽,以上下伸展指用作滑把(俗称抹弦);而邹城软弓京胡演奏时,演奏者不戴指帽,直接上下排指或滑把,在软弓京胡上下三个八度内自由滑把,随心所欲。软弓京胡还有自己独特的弓法,除一般演奏时的连弓、分弓、顿弓、抛弓外,最富特色的就是飞弓,能营造出一种类似唢呐演奏中"花舌"的音乐效果。除此之外,软弓京胡还能进行模拟演奏,不仅能模拟唢呐等乐器的音效,而且能模仿各种人声鸟唱、蛙叫虫鸣、狗吠马嘶、鸡鸭争鸣等。软弓京胡的音域包含三个八度,能够分别演奏B、E、A、G等调。代表

图四　软弓京胡传承人张玉平参加山东省农民文化艺术节演出

性的曲目有《百鸟朝凤》《哭长城》《欢乐农村》等。除演奏传统曲目外，软弓京胡有时亦为传统戏剧或山东琴书等伴奏。

邹城软弓京胡源于民间，服务大众，是齐鲁乐坛上独具特色的民族器乐，它承载了丰富的历史信息，反映了当时社会的发展与进步，是研究戏剧与民族器乐发展演变的活化石，对研究民风民俗的发展和演变也具有重要的参考价值。软弓京胡与人民的精神娱乐生活息息相关，正所谓"取之于民，用之于民"，它来自民间，又是人民群众文化生活中不可缺少的组成部分，对满足群众文化娱乐需求有着重要作用。软弓京胡是弦乐中较小的乐器，但发声响亮，音效特别，具有独特的演奏技法，和其他弦乐相比较，软弓京胡具有的科学研究价值十分引人瞩目。软弓京胡在演奏风格上有深沉时不失亮丽，高亢中不失婉转的谦谦君子之风；音色高亢、尖细、饱满、亮丽、富有穿透力，能够造成极强烈的艺术效果。

传承至今的软弓京胡以其独特的魅力吸引了众多传承者与爱好者。为了传承和发扬软弓京胡艺术，使之走出当地，迈向全国乃至世界，知名弦乐大师经

图五　传承人张玉平参加2015年元旦非遗专场会演

常对软弓京胡爱好者集中培训,并定期举办比赛,使他们在音乐理论及演奏技法上得到整体提升,稳步发展。软弓京胡乐团的成立,多部精彩作品的呈现,各类赛事和活动的成功举办,是软弓京胡影响力不断扩大的最好见证。与此同时,软弓京胡的理论研究也取得了丰硕成果,对现有曲目、传统曲目及乐器所进行的坚持不懈的挖掘、整理和创新工作,使软弓京胡不断发扬光大。新时代,软弓京胡在传唱国家和人民新的面貌,奏响了新的华章。

大　调

> 2006年，日照市东港区的"大调"被山东省人民政府列入第一批省级非物质文化遗产名录。2008年，被国务院列入第二批国家级非物质文化遗产名录。

在被誉为"东方太阳城"的日照，有一种悠长而令人回味无穷的旋律，它和着此起彼伏的浪涛声，诉说着当地悠久的历史文化。

日照市东港区是日照市市中心所在地，历史悠久，文化灿烂。据《日照县志》记载，明清时期，日照的渔业生产和商品贸易远达吴淞口、黄浦江一带。渔船的南上北下加快了南北文化交流，使风格奔放、率真的东港民间歌曲融入了江南文化的某些因素。民间音乐大调与满江红、玲玲调、大寄生草、淮调并称为鲁南五大调，主要流行于山东郯城、兰陵、临沭、莒南、莒县

图一　大调演出的伴奏乐器扬琴、月琴、大提琴等

等地。史书记载，五大调在乾隆年间已经盛行，据说是过去山东的商船到上海、江淮一带经商时，船夫们从江淮渔民那里学来的。可见，大调与江淮一带的音乐文化大有渊源。

目前，大调主要在东港区石臼街道中盛社区一带流传，这里原来是石臼九村，东濒黄海，是日照的海隅要塞。20世纪90年代前，这里的居民主要从事海洋渔业，因此沿袭和保留了较为完整、丰富的海洋文化和渔业风俗。明清时期，日照的渔业生产非常发达。当时的渔业生产主要以家庭为单位，这种渔船在当时被称为"家小船"。"家小船"在海上漂泊很长时间，才能到达江南河畔。为调剂单调枯燥的海上生活，渔民劳作之余常聚在一起饮酒，酒酣耳热时，顺手拿起碗碟，哼唱南方小曲助兴。后来这些小曲随日照渔民溯流北上，并经当地渔民世代传唱，逐渐融入本土语言和风情，最终发展为日照当地家喻户晓的民歌形式。南北文化的交汇使以洒脱率真为主要风格的日照民歌融入了江南的文化元素，也为大调的流传奠定了文化基础。

鲁南五大调的歌词创作者主体是民间文人，多创作盼郎思夫等关于爱情的唱段。如大调的主要作品《梧桐叶落金风送》，细腻地刻画了春闺情怨，一定程度上反映了当时民间文人的一种雅意和审美情趣。另外，大调具有深厚的艺术价值。它是一首多乐段组成的主曲体民歌，共十一小节，主题曲在整首民歌中出现了四次。以这个主题为骨干，其他旋律围绕它进行扩展、变化、重复。这种曲体在民间音乐中较为常见，特别是民间吹打乐曲中有不少这种曲体，俗称"一条龙"。这种曲调形式类似于汉赋，循环反复，变奏吟哦，以表现情感的层层递进。大调仅流行于日照一地，

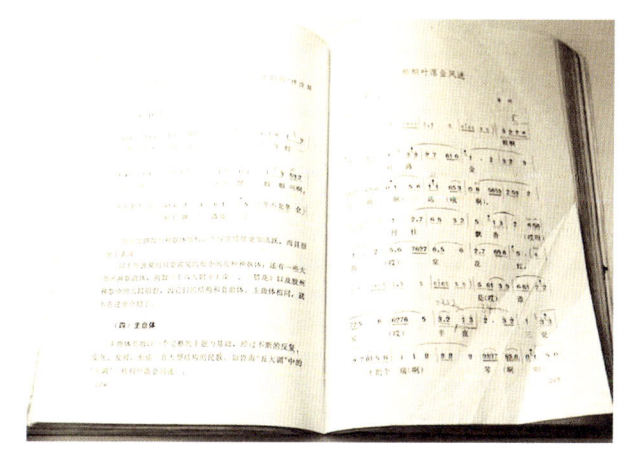

图二　大调入选1983年版的《山东民间歌曲论述》的曲谱

图三　大调传承人杨淑华先生

且流传时间较长，富有地方特色，对于保护鲁南五大调的完整性具有重要的价值。

大调虽历史悠久，旋律优雅，但传唱的民间艺人较少。1956年，魏占河、王川昆两位音乐界老前辈根据日照民间老艺人胡志武的演唱，记录整理了曲目《梧桐叶落金风送》。1990年，为准备沿黄9省区首届商品交流会——"满江红"专题音乐晚会，当时的日照市博物馆馆长杨淑华专门去省城请教魏占河，回来后根据魏占河整理的曲谱学唱大调，使这一曲目传唱至今。

大调流传下来的主要作品是《梧桐叶落金风送》，曲子表现了一对新婚夫妻离别后，妻子对丈夫的思念之情。

大调的演唱形式，基本可以分为坐唱式和群唱式两种，由此也可以看出它

图四　杨淑华改编《梧桐叶落金风送》器乐合奏排练

既是歌者表达情感的需要,也是群体娱乐的需要。它形式多样、灵活自由,极大地丰富了群众的精神文化生活,具有娱乐性特征。

大调是鲁南五大调不可或缺的一分子;同时,大调作为日照独有的艺术表现形式,具有非常鲜明的地方特色。随着社会的进步和发展,大调的演出形式日趋多元化,在各种艺术演出中逐渐受到关注。人们在欣赏这些古朴委婉的曲子时,似乎也看到了渔民在一番劳作后,怡然自得地哼着洒脱而又温婉的曲调,缓缓归来的场景。

沂蒙花鼓调系列民歌

2016年,临沂市的"沂蒙花鼓调系列民歌"被山东省人民政府列入省级非物质文化遗产代表性项目名录扩展项目名录。

临沂市是一片历史悠久、文化底蕴深厚的土地。几十万年前,沂河两岸就有了人类祖先的足迹;春秋时期,这里的各类民间艺术已比较丰富;战国时期,纵横家的鼻祖王禅(鬼谷子)就活动在这一带,其遗迹在这里随处可见;震惊中外的《孙子兵法》和《孙膑兵法》竹简也在这里出土。孕育于此地的沂蒙花鼓调以其特有的表演形式,代代传承,更为这片土地增添了几分别致的文化气息。

沂蒙花鼓调诞生于民风敦厚淳朴的齐鲁之地,又受到邻近的江苏等地的吴越文化的影响,所以它的曲调里既有齐鲁的粗犷,也有吴越的委婉,是一种朴实自

图一　沂蒙花鼓调传承人谭青元先生和赵桂秋女士表演现场照

然、独树一帜的民间音乐。据考证,春秋战国时期这种民歌就已经存在,西汉时期已经在当地流行,一直流传至今。当地出土的"西汉说唱陶俑"也可以证明,这种身背花鼓,一边敲击一边说唱的表演形式,早在2300多年前就已经在本地流行。再根据花鼓调传承谱系推算,清代以前,比较成熟的花鼓调在临沂一带就已经特别流行了。其中又以苍山花鼓最为出名,常与聊城花鼓、淄博花鼓相提并论。

兰陵是沂蒙花鼓调的主要流行地。兰陵地区的花鼓调内容丰富,特点突出。其中长篇花鼓调的音乐具有一定的说唱性质,内容多为一些民间传说的历史故事。如《王禅修仙在云蒙山》,以战国时期纵横家的鼻祖王禅的传说为背景。花鼓调曲调的旋法,多采用四度以下的级进、小跳与六度至十度的音程大跳相结合,起伏跌宕,抑扬顿挫。常采用徵调式,最后的音落5(sol)下滑到3(mi),很有特色。在唱法上,男腔常真假声结合,多用"花舌音"(即用舌尖打"嘚儿")的民间传统演唱技巧。花鼓调的歌词说古论今、平仄对仗、合辙押韵,既有一定的文学性,又通俗易懂;与方言土语、语气语调密切相关,其衬词多用"嗯、哎、吆、嚎儿、咳、哎是、

图二　沂蒙花鼓调传承人赵桂秋与社团乐队表演

图三 临沂大学"花鼓调表演班"学习场景

那个、哎呢个、嗯哎哟、那么、哟嚎儿嚎儿、依哟嗨、哟啍儿喂"等,实词与衬词相间。歌词中大量衬词的运用,使得歌曲具有十分浓郁的地方特色,唱腔花哨震撼,从而形成了沂蒙花鼓调独有的地方特色。

作为沂蒙文化艺术的重要组成部分,沂蒙花鼓调不仅是山东柳琴戏和许多中国戏曲的本源之一,更是名副其实的沂蒙古老民歌及其表演艺术的活化石。部分长篇花鼓调的歌词,对研究沂蒙原始的地理地貌和历史文化等都有一定的参考价值。

沂蒙花鼓调是一份宝贵的文化遗产,目前,在花鼓调传承人和社会各界的共同努力下,沂蒙花鼓调的收集、整理、传承与创新工作正在有序进行。沂蒙花鼓调传承人赵桂秋自1980年冬天开始,一直利用工余时间,深入挖掘抢救、整理研究本地的传统音乐,并将这些优秀的音乐带入沂蒙当地的高校,还以这些民间音乐为素材,创作发表了百余首新歌曲。2000年,赵桂秋发起成立了临沂市沂蒙民间音乐研究会,该会目前已经收集并记录在案的沂蒙花鼓调有30余首,已知歌名尚未记录的有40多首。其中有本地土生土长的花鼓调,也有安徽、河南、江苏等地传入的外来调子,如《凤阳花鼓》《黑丫头》《调皮的大姐》等。沂蒙花鼓调的本土特色调子有旋律性强、善于抒情的女腔花鼓调和风格低回婉转、幽怨缠绵的悲腔花鼓调等;融合外来调子特质而形成的调子有节奏明快、情绪明朗欢快的欢腔花鼓调、自由调、湖南调、凤阳花鼓调等。

现在，临沂市沂蒙民间音乐研究会与临沂大学音乐学院合作，将该会的科研成果用于音乐学院日常教学、演唱和对外公开演出。我们应尽最大的努力保护、继承和发展沂蒙花鼓调，让沂蒙花鼓调继续唱响在美丽的蒙山沂水，继续向那些热爱民歌的人们展示沂蒙的风土人情。

姐 儿 妞

> 2016年，郯城县的"姐儿妞"被山东省人民政府列入省级非物质文化遗产代表性项目名录扩展项目名录。

郯城县位于山东省最南部，齐鲁文化和吴越文化在此交汇相映。这里历史悠久，文化灿烂：郯子至仁至孝，学识渊博，孔子以之为师，传为千古佳话；东海孝妇感天动地，芳名万古流传；齐魏马陵之战闪烁着孙膑军事思想的光辉，是历史上的经典战例。极具地方特色的民歌姐儿妞，就生长在这片历史悠久的土地上。

"要听姐儿妞，一溜山根到泉头"，民谚中说的"泉头"就是郯城县泉源乡泉头村。该村位于县城东北20公里处的马陵山麓，民歌姐儿妞就流传在马陵山区附近的一些村庄。

过去受生产力发

图一　民间艺人孙怀春现场表演

展水平所限，老百姓基本是靠天吃饭。如果遇到天灾，百姓的生活就更加困苦。当地有些人迫于生计压力，每到农闲时节便结伙外出乞讨谋生。他们在行乞过程中，羞于直接向别人伸手要钱讨饭，便以卖艺的方式，演唱民歌姐儿妞，把生活的艰辛、家里的困境传达给对方，以博得同情和施舍。对方往往对这种曲调优美、哀婉动人、通俗易懂、叙事性强的小曲喜爱有加，百听不厌。随着这些人东奔西走地乞讨和传唱，姐儿妞这种传统音乐形式在各地得以广泛流传。

根据当地传说，姐儿妞起源于一个凄美的爱情故事。古时马陵山下有一家富户，生有一女，乳名唤作妞。妞不仅十分漂亮，而且识文解字，聪明伶俐。妞长到了十七八岁，正是芳心萌动的年龄，此时又与家里的单身青年长工日日相见，时间久了，两人便慢慢对彼此都有了好感。互通心意后，两人便私订了终身。古时最讲究门当户对，妞的父母知道这事后，自是极力反对，横加阻拦，把妞整日关在房中。妞相思情切，便在房中创作了72首哀婉凄凉的民间小曲，自己昼夜吟唱，用来排解郁闷的心情，回忆和恋人相会的情景。后来，妞

图二　姐儿妞表演艺人

扣 花 针

1=A
2/4 中速稍快

3.5 32 | 7̂6̂ 5 | 3̂5̂ 6̂1̂ | 6̂1̂ 2 | 3̂ 3̂5̂ 3̂2̂ | 7̂2̂ 7̂6̂ |

1.姐儿（那个）房 中 扣上 花儿 针， 忽听 得 门 外

5.6 27 | 76 63 | 3.5 35 | 61 27 | 65 676 | 5 - |

有 人 来 叫 门， 莫 非 是 知 心 的 人 （呀）。

（其他段落略）

图三 姐儿妞《扣花针》曲谱片段

见父母执意不肯答应这门亲事，悲愤之下，以身殉情。前去料理后事的长工将这些小曲珍藏起来，使之流传后世。

实际上，姐儿妞的创作是千百年来生活在马陵山一带的劳动人民集体智慧的结晶。经数代人传唱，这一艺术形式被逐步加工润色，发展成为系列民间小曲。

姐儿妞多以第一人称叙事，讲叙恋爱的经过和思念爱人的心情，表达对婚姻自由的追求和对幸福生活的向往。按郯城马陵山下农村的风俗，男女青年确定恋爱关系乃至结婚后，女青年在爱人面前常常自称姐姐。由于这种歌曲多是出自女青年之口，往往以第一人称"姐儿俺"唱出，所以得了"姐儿妞"的名称。

姐儿妞从内容上大致可分为相思系列（含姐儿系列、五更系列、十二月系列）、劝诫系列、幽默戏谑系列、生活常识系列、地名知识系列、消闲风光系列等，约有200首曲目。仅相思系列中以"姐

图四 2014年5月，老艺人刘守玉在讲解姐儿妞的起源

儿俺"开头的歌曲就有《姐儿南园扣花针》《姐儿南园割韭菜》《姐儿南园绣云肩》等72首。另外，《卖饺子》《小五更》等也属于姐儿妞系列。

　　姐儿妞的歌词较长，但是旋律比较简短，一段旋律唱完，便又重复刚才的旋律，只是歌词随着叙事情节的展开而变化着。男女对唱形式的姐儿妞，旋律则相对长一些，变化也比较多。它的旋律通常使用徵调式和宫调式。旋律中大多加上衬词拖音，给人一种缠绵悱恻、哀婉感人的感觉，极富鲁南地区民歌特点。

　　在抗战时期，活动在郯城地区的抗日军民根据宣传的需要，利用姐儿妞的曲调，创作了大量反映抗日支前的歌曲，如《廉大嫂抗战》《劝儿去当兵》《模范军属孙桂英》等，在当时起到了很好的宣传作用。

　　自20世纪60年代起，姐儿妞逐渐淡出了当地百姓的生活。目前会唱这种小曲的大多是六七十岁以上的老人，且为数不多。以前大多数的女性村民都不识字，姐儿妞靠的是她们聚在一起口口相传，分别领会。也有一些识字的人在传唱中用笔记录下歌词。这些民间艺人都是通过邻居、乡亲等关系，晚上或农闲时聚在一起相互学习。谁唱得好听，大家就一起去学，口耳相传，因此没有固定的传承关系。现在姐儿妞的传承人主要是生于1956年的陈庆彩老先生。其父曾师从民间艺人张振标，在家乡至上海一带以卖唱和制作乐器为生。陈庆彩自幼随父亲生活，耳濡目染，学习民歌演唱和民间乐器演奏。民歌姐儿妞不断激发他的创作灵感和演唱激情。他多次参加县里组织的文艺会演并获奖：1982年改编的民歌《送郎参军》获县级文艺会演一等奖；1984年改编的民歌《大辫子甩三甩》获县级文艺会演一等奖；1997年在全县歌手大赛上获民歌一等奖；2002年用民间小调《小五更》改编的歌曲获县三级文艺会演一等奖

图五　刘守玉演唱姐儿妞

等。现在,陈庆彩将更多的精力放在收集和整理姐儿妞曲目上,为保护和传承这一富有地方特色的民歌贡献自己的力量。

姐儿妞这种流传在马陵山一带乡镇的民间小曲,以其歌词表达的形象性、歌词强烈的叙事性以及表现形式的多样性,为研究当地的历史文化、风土人情提供了不可多得的资料,也充实、丰富了山东民歌的形式与内容,对中国民歌的发展完善起到了促进作用。

鲁东南鼓吹乐《小桃红》

2016年,临沭县的"鲁东南鼓吹乐《小桃红》"被山东省人民政府列入第四批省级非物质文化遗产代表性项目名录。

《小桃红》是鲁东南、苏北一带广为流传的鼓吹乐曲,也是我国的一种传统曲目。《小桃红》起源于明清时期,在之后的发展过程中一直保留着明清时期民间俗曲音乐的面貌。因为《小桃红》具有丰富的艺术内涵和浓郁的乡土气息,所以迅速在鲁东南地区流传开来。

临沭县地处鲁东丘陵区南部,《小桃红》以此为中心,向四面八方传播:南到河南、安徽,主要吹凡调;北到沂水一带,主要吹十样景;东至连云港一带,主要吹凡调;西至山东菏泽和河南东北部分县区,主要吹正宫调。

《小桃红》艺术表现形式和演奏风格独具特色,有《万年欢》《苦乐

图一 《小桃红》收录于《临沭县志》中

图二 《小桃红》所用的主要乐器——大、小唢呐

天》等30多个曲目，或表现人们内心酣畅欢愉的情绪，或表现内心悲伤忧愁的哀思。《小桃红》演奏以大、小唢呐为主，配以鼓、镲、云锣、板锣等打击乐器伴奏。乐队编制为4～8人，多时可达10人以上。常用组合形式为唢呐2人、笙2人、笛1人、二胡1人、镲1人、云锣1人。

《小桃红》音乐富于变化，同一曲《小桃红》，同一个唢呐，能吹出五六个调，且曲调清脆悦耳、热闹活泼。唢呐之音宛若人声，时而婉转悠长，如泣如诉，时而激进短促，欢快热烈。

《小桃红》起源于明末清初，当时居郯城石门（现属临沭）的民间艺人乐和子痴迷戏曲，被乡亲们笑称"戏痴子"。乐和子晚年时根据之前的文献记载，收集整理并创作出了鼓吹乐曲《小桃红》。因此，现在鲁南一带的唢呐艺人大都尊乐和子为《小桃红》的始祖。

由乐和子收集整理并编创的《小桃红》成为唢呐吹奏专用曲子，其后，乐和子又把该曲子传给了他的一个姓杨的徒弟。这位徒弟的儿子杨延之从小就喜欢吹拉弹唱，尤其擅长吹大、小唢呐，他接受父辈关于唢呐技艺的言传身教后，鼓吹乐器的演奏技艺更加精湛。他广收门徒，一生传了30多名弟子。弟子们在吹奏时又根据各自的理解逐渐丰富了《小桃红》的内容，加入了笙、鼓等乐器。在杨延之的众多弟子中，其子杨修木、杨修人技艺最为精湛。兄弟俩早年一起出去演出，后来杨修木西迁至河南；杨修人留在乡里仿照父辈广收弟子，此外还办戏班，进一步充实了《小桃红》的内容。

20世纪初，包括《小桃红》在内的鲁东南鼓吹乐在临沭地区的艺人中广泛流传，最兴旺时有近千人善吹奏此曲。

图三　王庆寿独奏《小桃红》

现在《小桃红》的代表人物为王庆寿，他倾注半生心血教了80多名徒弟。他的徒弟们以鲁东南为中心，遍布鲁南、苏北一带。王氏师徒为《小桃红》的传承发展做出了突出贡献。

《小桃红》风格多变，可应用于不同场合。技艺高超的唢呐艺人在演奏时，巧妙地运用颤音、滑音等技巧，可以根据不同场景，将《小桃红》吹出多种曲调。

作为中国传统的民间俗乐，《小桃红》对于研究当地的民风民俗具有重要价值。《小桃红》可以让我们了解古代民间俗曲的面貌和艺术风格，进而可对中国古代音乐的形态、特征及音乐的内涵、思维方式做深入研究。

图四　王庆寿带领学徒练习《小桃红》

《小桃红》在我国流传甚广，其在流传过程中，由于各地语言、文化和生活习俗等因素的影响，产生了许多变体。因此，《小桃红》对于研究民间音乐的流传、演变具有一定的价值。

《小桃红》中蕴含着一代代当地人的喜怒哀乐，包含着社会的沧桑变迁，是前人留给我们的宝贵的文化遗产，应该好好保护和传承。

黄河号子（菏泽）

2009年，菏泽市的"黄河号子"被山东省人民政府列入第二批省级非物质文化遗产名录。

黄河作为中华民族的母亲河，养育了一代又一代华夏儿女，同时孕育出辉煌璀璨的黄河文化。黄河号子质朴浑厚、高亢嘹亮，是黄河文化的鲜明符号之一。菏泽市位于黄河下游，2000多年来，黄河在此段三年两决口，百年一改道，黄河堤防频繁修建，管理、抢险及航运任务较重。生活在这里的劳动人民在长期的劳动实践中，用艰辛的汗水浇灌出黄河号子这一朵美丽的艺术之花。

黄河号子是产生并应用于劳动中的民间歌谣。在集体性的艰苦劳动中，为了便于协调指挥，统一步伐，调节呼吸，释放身体负重的压力，劳

图一　搬运工唱着有节奏的鲁西南搬运号子向岸边移动

图二 黄河号子表演

动人民常常发出吆喝或呼号声。这些吆喝、呼号声是与生产活动直接联系的一种口头即兴创作，一领众和，曲调简单，节奏有力。在齐鲁文化的熏陶和民歌、戏曲的影响下，这种简单的口头艺术逐渐发展为有节奏又有旋律的黄河号子。黄河号子孕育于远古时代，在春秋时期正式形成，明清时达到成熟，之后不断发展，传承至今。

黄河号子曲调高亢激昂、雄浑粗犷、节奏明快、气势磅礴，体现了嗓音形态原生性和喊唱气派民族性的重要特征。作为一种民间传统艺术，黄河号子富有强烈的民俗气息和艺术感染力，深受群众喜爱。

黄河号子曲式简单，一般由一个乐句贯通或四个乐句组成。领句常为散板引句，节奏比较自由。根据劳动强度和工种的不同，黄河号子有"苦音""花音""高调""低调"之分。和腔大都有固定节奏音型，喊唱性强，表现力丰富。短领长应的和腔音调抒情，速度缓慢，节奏开放，旋律自由；由一个音调贯穿始终的属于短领短应的和腔，它的节奏舒展，音调开阔嘹亮；长领短应的和腔则多以洪亮、宽厚的声音为主，用声直白，"喊"的成分比较重，声音豪放；长领长应的和腔音调悠扬悦耳，速度较慢，善于抒发情感，具有自娱自乐的性质。

受当地生活环境的影响，黄河号子的唱词中含有丰富的方言和衬词。如《船工升篷号子》中的唱词："哟嗨咋喂，哟嗨咋喂，这才是个怪来耶。哟嗨咋喂，哟嗨咋喂，这才是个湃哟。哟嗨咋喂……"由于劳动强度大，唱词也相应地显示出大胆豪放的特征。尤其是在抢险堵决口的过程中，劳动人民需要撬板和搬运重物，此时他们喊唱出的声音洪亮有力，有一种人定胜天的豪情，达

图三　音乐工作者为黄河号子记谱

到声音、气力、步伐和速度协调一致的效果。唱词中既有民间歌谣,也有古典文人诗作、哲人箴言、民间故事等,内容非常丰富多彩。

黄河号子不仅具有催人奋进的力量,还兼有几分诙谐与玩世。它将戏曲、民间小调、杂唱融合在一起,形成独特的艺术特征。古代劳动人民生活贫苦,他们将黄河号子作为主要的娱乐方式,大街小巷、茶馆饭铺、村镇集市甚至在驴车上,到处都飘荡着号子的旋律,这成了当地一种不可忽视的文化现象。

黄河号子是黄河文化的主要内容之一,是该地域最富凝聚力、最具标志性的文化符号,具有独特的精神价值、艺术价值和历史文化价值。黄河号子的历史极为悠久,是治黄史上的文化瑰宝,是劳工们用热血和汗水凝铸而成的生命之歌,是黄河沿岸劳动人民不屈不挠的抗争精神和粗犷豪迈中不失幽默的乐观精神的反映。作为一种民间音乐,它与民俗文化、风土人情、自然景物、生态思维、地方语言、群落意识紧密相连,是多样文化形态的结晶,具有永恒的艺术价值。黄河号子完整地展现了齐鲁传统水系音乐文化的基本形态和深层底蕴,为保护、传承齐鲁优秀民间音乐文化提供了可靠、翔实的第一手资料和可供实践操作的理论依据,使之成为构建华夏民族文化大厦乃至人类水系音乐文化体系的奠基作品之一。黄河号子在日常生产劳动中还具有很高的实用价值。劳动人民通过喊唱黄河号子,保持动作的整齐协调,调节情绪,减轻疲劳,慰藉精神,保持乐观。

随着经济社会的发展和劳动条件的改进,产生黄河号子的原始劳动方式逐渐改变。作为具有地域特点的原生态民间喊唱形式,黄河号子需要更多的保护和新的传承。在全社会各界的大力传承与保护下,黄河号子在新时代被注入了新的力量。作为一种文化、一种艺术,它已然超越区域和时代,成为人类感受历史、认知自然的一个代表性符号。

鲁西南鼓吹乐

> 2016年，成武县的"鲁西南鼓吹乐"被山东省人民政府列入省级非物质文化遗产代表性项目名录扩展项目名录。

成武县位于菏泽市的东南部，属于苏、鲁、豫、皖交界地带。这里周初属郜国，是一座历史悠久、文化底蕴深厚的城市。这里是鲁西南鼓吹乐的主要发源地和分布地区之一。

作为我国鼓吹乐的一大支脉，鲁西南鼓吹乐的历史悠久，东汉末年建造的嘉祥武氏祠内的画像石就已经有了关于鼓吹乐舞的画面。武氏祠内的六块石碑上出现了排箫、竽（笙）、笛、角鼓等鼓吹乐中的基本乐器，生动形象地展现出当时鼓吹乐演奏的画面，说明鲁西南鼓吹乐在当时已经较为成熟。

清朝中叶，鲁西南鼓吹乐十分兴盛，涌现出大量的鼓吹班社和众多技艺高超的民

图一　1996年汶上集镇冯家班参加成武民间艺术节

间乐手。这些班社多以家庭和近亲组成，以族内传授为主，也收徒传艺。他们平时大多务农或以理发为业，遇婚丧嫁娶时，便搭班表演。当时成武县有30多个唢呐世家组成的民间鼓吹乐班社，其中汶上镇的冯家班，苟村镇的梁家班，孙寺镇的张家班，九女镇的焦家班、刘家班、杨家班最为出名。成武唢呐艺人冯东合开场子教唢呐，促进了鲁西南鼓吹乐艺术的传承和发展。鲁西南鼓吹乐风格朴实明朗、粗犷雄健、浑厚挺拔，但又不失优美细腻，有着浓厚的艺术韵味。

鲁西南鼓吹乐的主奏乐器是唢呐，民间俗称"喇叭"或"响器"，又有别名"大笛"。唢呐由双簧哨子（芦苇制成）、蕊子（铜制）、杆子（木质、锡质或铜质圆锥体，共有八音孔，前七后一）和铜碗（喇叭形）四部分组成，有大小不同的规格。唢呐的音色明亮，音量大而粗犷，善于表现热烈、兴奋、欢快、悲哀等情绪，经常出现在民间节庆、婚丧嫁娶和戏剧表演等场合。唢呐演奏常用的技巧有吐音（单、双、三吐）、滑音（指滑、气滑、上下滑、快慢滑）、花舌（快、慢、粗、细花舌）、指花（快、慢、单、双、实、虚指花）、颤音（快、慢、长、短、气、舌、指、唇颤音），以及吞、吐、垫、打、抹、压等。

图二　2010年菏泽农村文化艺术节上的唢呐表演

民间有"喇叭哇哇叫，笛子花音俏，捧笙来搅和，锣鼓凑热闹"的说法，形象地描述了各种乐器的特点和作用。除了唢呐，一只鼓吹乐队伍离不开其他乐器的合奏。根据各种乐器的不同特点，鲁西南鼓

图三　2010年青少年唢呐学员参加菏泽农村文化艺术节

吹乐乐队形成了五种不同的组合：用一支中音唢呐主奏，民间叫"单大笛"，配以笛子、笙、小钹、梆子、云锣、小锣、乐鼓，乐队一般为8人，是鼓吹乐的主要演奏形式；用两支低音唢呐主奏，民间称"对大笛"，配以小钹、云锣、铜鼓、乐鼓，乐队一般为6人；用锡笛（锡制杆的海笛）主奏的形式或锡

图四　鲁西南鼓吹乐大赛场景

笛、笙、笛合奏的形式，这是大弦子戏曲牌专用乐队的编制，乐队一般为5人；笙、笛合奏形式，此编制是柳子戏曲牌或民间小曲的专用乐队；咔戏（俗称"咔腔"）乐队，所用乐器有唢呐（兼奏把攥子）、笙、大锣、小锣、皮鼓等，一般8至9人。

鲁西南鼓吹乐常用调名有两个体系：一是经柳子戏、笛子的演奏指法变换，称为平调、越调、二八调、下调、起调；二是用工尺谱演奏指法变换，称为六字调、尺字调、凡字调、上字调、五字调等。鼓吹乐种类繁多，按演奏功能分为一般乐队（吹奏乐队）、祭祀乐和拜鼓乐三种。一般乐队以一支木杆唢呐为主，配以笙、笛伴奏，红白之事多吹《五字开门》《六字开门》。祭祀乐以两支中音唢呐为主，配以打击乐，曲目以套曲为主。拜鼓乐用一支唢呐，配以闷子、磬、扁鼓等，曲风古朴典雅，庄重肃穆。

受地方语言、地方戏曲和民歌、民间小调的影响，鲁西南鼓吹乐在演奏技巧和风格上形成了曲目多变的地域性特色。以《开门》为例，此曲可派生出《上字开门》《尺字开门》《凡字开门》《大合套》《风搅雪》《婚礼曲》等十几首乐曲；再如《抬花轿》，可派生出《拜花堂》《大笛锣》《百鸟朝凤》等十几首乐曲。鲁西南鼓吹乐的演奏还具有即兴性。鼓吹乐的很多曲目都有"穗子"，"穗子"音型细碎，展开自由，旋律在环绕中心音不断变换游移时，伴随着丰富的节奏音型和多种演奏技巧，具有很强的即兴性，是显示乐手卓越才华和高超技艺的段落。

鲁西南鼓吹乐以音乐的形式记载了历史前行的姿态，成为我国民族音乐中不可取代的乐种。鲁西南鼓吹乐与民俗风情、乡土文化相融合，以其独特的魅力

图五　鼓吹乐艺人各展神通

活跃在历史与生活的舞台上。

  鲁西南鼓吹乐豪迈有力，生动地展现出鲁西南淳朴、豪爽、热情的民风。一代代鲁西南人通过口传心授和专业教育相结合的方式，将这片沃土上的瑰宝不断传承下去。无论是婚丧嫁娶还是祭祀故人，他们都通过饱含深情的鼓吹乐诉说情感。如今，鲁西南鼓吹乐被邀请到各种舞台上，向更多的人展现这门古老而又有韵味的艺术。鼓吹乐刚柔相济，如祖辈人的处世方式；鼓吹乐质朴豪放，似老百姓的待人哲学。越来越多的人愿意追随它的足迹，感受它的魅力。

山东古筝乐

2006年,郓城县的"山东古筝乐"被山东省人民政府列入省级非物质文化遗产代表性项目名录扩展项目名录。

山东古筝乐历史悠久、风格独特,是我国传统音乐中的宝贵财富。郓城古筝不仅仅是山东古筝乐的重要组成部分,还为郓城争得了全国"古筝之乡"的美誉。这离不开郓城独特的乡土人情和深厚的文化积淀。郓城县位于山东省西南部,东邻梁山县、嘉祥县,西接鄄城县,南连巨野县,北隔黄河与河南省台前县、范县相望。黄河冲积平原肥沃的土壤、便利的水利为郓城的农业发展提供了良好的基础。郓城堪称千年古县,有重点文物保护单位40余处,馆藏文物1400多件,其中国家珍贵文物300余件。除肖堌堆商代古文化

图一　郓城县黎仝庄保存的明代万历年间的十六弦筝

遗址外，这里还有苏庄汉墓群、五代唐塔、金代名相史惟良墓等。郓城不仅历史悠久，文艺底蕴也十分深厚，"书山戏海，筝琴之乡"一直以来都是郓城的名片。全国四大古老剧种之一"柳子戏"，鲁西南流行最广的剧种"山东梆子""山东枣梆""两夹弦"等丰富多彩的表演艺术都诞生在这里。而韵味浓厚的郓城古筝，也是这里悠久历史和灿烂文化的鲜活表现。

郓城古筝的历史可以追溯到战国时期。宋代时，郓城更是"民乐汇坊野，朝夕丝弦声"。明清时期，乡村集镇多有琴社出现，"或一二乐师弄于村街，或十数众集于商贾云聚处，抚琴拨筝，听者神之"。至今，该县黎仝庄村还保存着一架明代万历年间的十六弦古筝。

郓城古筝乐风格多样。它们有的清秀细腻，如泣如诉；有的粗犷豪放，如万马奔腾；有的抒发怀古之幽、离别之绪；有的寄情于花草鱼鸟、高山流水……其音调典雅，结构严谨，节奏鲜明。郓城古筝筝曲属八板体六十八板曲式结构，民间称"老八板"或"大八板"。这些筝曲分别为大板第一、大板第二、大板第三、大板第四四个板头。大板第一为大慢板，曲目有《汉宫秋月》《隐公自叹》等；大板第二为慢板，曲目有《美女思乡》《鸿雁夜啼》等；大

图二　郓城县古筝技艺研究院

图三 郓城古筝表演

板第三为中板,曲目有《鹦啭黄鹂》《鸿雁捎书》等;大板第四为快板,曲目有《高山流水》《清风弄竹》等。郓城古筝独树一帜,区别于一般的山东古筝表演风格。以传统快板筝曲《高山流水》为例,它是由《琴韵》《风摆翠竹》《夜静銮铃》《书韵》四首小曲连缀演奏的套曲,每首曲子都可以单独演奏。《琴韵》以韵味取胜,颇有古琴典雅含蓄的韵味;《风摆翠竹》轻盈柔丽、悠扬起伏,似轻风拂弄翠竹;《夜静銮铃》突出了"花指"演奏的切分节奏,颇似流水的曲调,别致典雅,独具特色;《书韵》乐音清晰响亮,宛如文人的朗朗读书声。四首小曲连续演奏,流畅婉转,华丽隽永,明亮的旋律给人一种高山峻岭巍峨、山

图四 郓城"黄河人家"乡村旅游节期间的古筝表演

嶂流水潺潺的迷人意境。

从演奏技法角度来看，山东古筝乐的演奏多用右手大拇指、食指、中指、无名指四指拨弦，左手则顺应弦的张力，控制弦音的变化，以调整音高，完善旋律。古筝的指法很多，右手有勾、托、劈、挑、抹、剔、打、摇、撮等，左手有按、滑、揉、颤等。和山东古筝相比，郓城古筝的指法又有自己的特点。这集中体现在1953年赵玉斋先生创作的《庆丰年》一曲中，这首曲子采用了左右手交替和多声部演奏手法，使郓城古筝打破了传统演奏手法的限制，大大提高了演奏技巧，古筝的演奏技术因而得到突破性发展，结束了只能轻弹慢揉的时代，达到一个新的高度。

图五　青年赵玉斋与著名筝家金灼南先生合影

郓城古筝中出现了不少大师级的演奏家，如王殿玉、黎连俊、张为昭、张念胜、樊西雨等；特别是1949年以后，一大批古筝名家如雨后春笋般涌现出来，如高自成、赵玉斋、赵登山、韩庭贵等，一时之间郓城古筝群星璀璨。此外，郓城古筝还涌现出一批优秀的中青年演奏家。一代代郓城古筝演奏家为古筝艺术的传承发展做出了杰出贡献。

图六　郓城籍著名古筝演奏家高自成

集华丽、柔美、刚劲、明亮于一身，韵味浓厚的郓城古筝，不论是其丰厚的历史积淀，抑或是其独领风骚的曲目、技法，都是我国古筝艺术不可或缺的组成部分。目前，社会各界共同努力，对郓城古筝的保护和传承工作正在有序进行。这一宝贵的非物质文化遗产，在新时代迎来了新的发展机遇，让越来越多的人欣赏到它那独特的艺术魅力。